Die Kelten

Weisheit und Mythos

Die Kelten

Weisheit und Mythos

Juliette Wood

Bechtermünz

Titel der englischen Originalausgabe:
„The Celtic Book of Living and Dying"
Juliette Wood

Deutsche Erstausgabe

Koordination und Bearbeitung der deutschen Ausgabe:
Print Company Verlagsgesellschaft m.b.H., Wien
Aus dem Englischen übersetzt von Irene Spreitzer

Gestaltung: Dan Sturges
Bildrecherche: Cee Weston-Baker
Einbandgestaltung: Georg Lehmacher, Friedberg/Bay.
Umschlagmotiv: Corel Photodisc
Auswahl der Kunstwerke: Sally Taylor (artistpartners ltd.)
Gesamtherstellung:
Print Company Verlagsgesellschaft m.b.H., Wien

Printed in Singapore

ISBN: 3-8289-0750-4

INHALT

· · · · · · · · · ·

Einführung 6

Erstes Kapitel:

Der Flug des Adlers 8

Das weise Kind 10

Der Weg des Kriegers 12

Die Ehre der Frauen 16

Letzte Weisheiten 20

Das war das Haus 22

Zweites Kapitel:

Der Lauf der Natur 24

Zwei Gesichter: Wachstum
   und Verfall 26

Weise Wettersprüche 30

Wissen über die Jahreszeiten 34

Sonne und Mond 40

Drittes Kapitel:

Echos aus der Anderswelt 42

Die verzauberten Inseln 44

Unmögliche Aufgaben 48

Schleier der Illusion 50

Mystische Tiere 54

Mächtige Talismane 58

Feenhügel 60

Viertes Kapitel:

Reise von Reich zu Reich 62

Die Schwelle zu magischen
   Reichen 64

Das magische Inselreich 68

Visionen unserer Vorfahren 72

Weisheit des Wassers 76

Gefäße der Wahrheit 78

Das Antlitz des Schwans 82

Fünftes Kapitel:

Schicksal und Vorsehung 84

Unser Gestern ist
   unser Morgen 86

Die Weisheit des Lachses 90

Das Geheimnis des Kopfes 92

Vögel der Zerstörung 94

Sechstes Kapitel:

Hüter der Seele 96

Die Weisheit der Druiden 98

Zauberwettbewerbe 102

Die Festung der Liebe 104

Die Weisheit der Inspiration 108

Heilige und Engel 112

Die Macht der Drei 114

Spirituelle Heilung 116

Die Weisheit der Barden 120

Siebentes Kapitel:

Die ewige Weisheit 124

Tierdarstellungen 126

Die verschlungene Rebe 128

Der endlose Knoten 130

Leben und Sterben 134

Aussracheregeln 136

Quellennachweis 136

Weitere Literatur 137

Register 138

Bildnachweis 144

EINFÜHRUNG

Die Nachkommen der Kelten genießen den Ruf, Dichtkunst und Weisheit zu lieben. Durch Sprachverschiebungen, Zuwanderungsbewegungen und die Absorption in einen größeren Kulturkreis sprechen jedoch viele Menschen keltischer Abstammung heute keine der sechs keltischen Sprachen (Irisch, Manx und Schottisch-Gälisch, Walisisch, Bretonisch und Kornisch) mehr, die ihr kulturelles Erbe tragen. Noch nie seit der Zeit der Griechen und Römer war es so schwierig, den Begriff „keltisch" zu definieren und einzugrenzen.

Unser Wissen über die alten Kelten rührt vor allem aus archäologischen Funden sowie römischen und griechischen Texten. Die Griechen und Römer beschrieben die Kelten als Furcht erregende, doch faszinierende Barbaren, deren Mut sie bewunderten. Zudem bewunderten sie ihre Überschwänglichkeit und ihre Religion. Natürlich berichteten sie als Außenstehende über die Kelten, doch wurden ihre Texte über die Jahrhunderte hinweg überliefert und vermittelten das Bild von furchtlosen Kriegern und Helden, übernatürlichen Frauen und weisen Druiden. Heute betrachten wir die frühen Kelten als Sänger, Dichter und herausragende Handwerker, die jene mystische Weisheit in ihre Kunst und Kunstwerke einfließen ließen, die wir noch heute anerkennen.

In *Die Kelten. Weisheit und Mythos* beleuchten wir die wichtigsten Elemente dieser Weisheit wie Mut, Fruchtbarkeit, Zeit, Weissagung, Schicksal und das Leben nach dem Tod von den verschiedensten

Blickwinkeln aus. Obwohl die Kelten keine Schriftsprache kannten und das Wissen meist mündlich von den Druiden und Barden weitergegeben wurde, sind doch einige frühe Inschriften und Texte überliefert. Und die späteren christlichen Chronisten bezogen sehr viel keltisches Wissen in ihre Legenden und Gedichte mit ein.

Das reiche Erbe der Kelten wurde erstmals schriftlich von den christlichen Schreibern festgehalten. Sie verfassten Gedichte, in denen sie die Taten der alten Könige und Helden priesen und in einen Verhaltenskodex für das Volk umwandelten. Mit ihren Gesetzen legten sie die Regeln für Königtum und Ehe ebenso fest wie die Stellung, die Männer, Frauen und Kinder in der keltischen Gesellschaft innehatten. Und sie schrieben das Wissen aus der Natur in gnomischen Versen auf (die eine Maxime oder einen Aphorismus enthielten oder beschrieben). Die Schreiber überlieferten auch das bardische System der Triaden (alte Gruppen von drei verwandten Elementen), in denen die Weisheit in Form von Geschichten, Sprichwörtern und Allgemeinwissen enthalten ist.

Das schriftliche und mündliche Wissen der Kelten erzählt uns viel über ihre Seele. Ihre Gedichte sprechen von großen, allgemein gültigen Gefühlen und ihre Legenden fesseln durch die Verschmelzung von tatsächlichen Ereignissen und symbolischen Fantasiegebilden. Auch wenn wir die ursprüngliche Bedeutung nie ganz verstehen werden, so regt die Weisheit aus *Die Kelten. Weisheit und Mythos* doch zum Nachdenken an. Dieses zeitlose Wissen kann den modernen Leser ebenso berühren wie es auch zahllose unserer Vorfahren begeisterte.

DER
FLUG DES
ADLERS

Der majestätische Adler wird in vielen Kulturen verehrt und sein Flug gilt als Metapher für den Verlauf des Lebens. Dieses Kapitel ist ein Kaleidoskop, das die Kindheit der Kelten ebenso umfasst wie die Pflichten der Mütter und Krieger sowie die Zeit, in der die Feste und Triumphe der Männer und Frauen nur noch dunkle Schatten der Erinnerung sind, die in einer einsamen Ruine auf einem Hügel spuken.

DAS WEISE KIND

Die Kindheit ist für die Kelten eine magische Zeit. Gesetze legen fest, welche Pflichten die Eltern bei der Pflege und Erziehung der Kinder haben. Eine der wichtigsten Aufgaben ist die Namenswahl, da die Bedeutung eines Namens bestimmt, welche Rolle seinem Träger im Leben zukommt. Es ist wichtig, dass ein Kind einen Namen erhält, bevor es in den Einflussbereich der bösen Mächte geraten kann. Allerdings verdanken viele besondere Kinder, deren außerordentliche Weisheit ihrem Volk zugute kommt, ihre Namen einem ungewöhnlichen und symbolischen Vorfall, der sich in der Kindheit zutrug. Diese „weisen Kinder" kommen während oder kurz nach der Geburt mit Wasser in Berührung und erleben eine „zweite Geburt", aus der sie mit großem Wissen und übernatürlichen Kräften hervorgehen.

Wasser ist nicht nur das natürliche Element der weisen Kinder, sondern auch der Quell allen Lebens und ein Symbol für dichterische Inspiration. Das Wassermotiv kehrt in vielen Legenden ebenso wieder wie das Licht, das aus der Dunkelheit entspringt. Der junge Held Finn, der „Leuchtende", taucht kurz nach seiner Geburt unter Wasser, um seiner Ermordung durch den König zu entgehen. Ein Fisch bringt ihn wieder an die Oberfläche zurück, wo er so lange in einem Versteck heranwächst, bis er sein Erbe antreten kann. Das Baby Morfhind, der „große Leuchtende", wird

unter einer Glückshaube geboren und ins Meer geworfen, wo er ertrinken soll. Stattdessen taucht er mit der neunten Welle wieder auf und beginnt zu sprechen.

Obwohl weise Kinder in Dunkelheit geboren werden, erhalten sie Namen, die mit dem Licht und somit mit der besonderen Gabe eines Dichters oder Sehers zu tun haben. Die Meinung, dass Kinder von Geburt an weise sind oder kurz danach weise werden, vertritt auch das *Buch des Taliesin*: „Alt ist der Mensch bei der Geburt, doch jung, jung ist er danach immerfort." Dieses Paradoxon findet sich auch in dem Kreislauf von Leben, Tod und einem Leben nach dem Tod.

DIE LEUCHTENDE STIRN

Zu Winter´s Eve (oder Halloween) fand Prinz Elphin mab Gwyddno, der nichtsnutzige Neffe von Maelgwyn, dem König von Dyfed, einen seltsamen schwarzen Sack in einer leeren Fischreuse. Darin lag ein Kind von ungeahnter Schönheit. „Welch leuchtende Stirn!", rief der Prinz auf Walisisch (*tal* bedeutet „Stirn", *iesin* „leuchtend"). Das weise Kind wusste sogleich, dass dies sein Name war. Elphin ritt daraufhin mit Taliesin nach Hause. Das Pferd erkannte instinktiv die besonderen Kräfte des Babys und lief ganz sachte, damit das Kind unbeschadet blieb. Prinz Elphin war von dem Kind so angetan, dass er es wie seinen eigenen Sohn großzog. Taliesin wurde später der berühmteste Barde, den Wales je gekannt hatte.

DER WEG DES KRIEGERS

Für die Kelten war der Krieg kein sinnloses Gemetzel, sondern eine Kunst, die Geschicklichkeit und Hingabe erforderte. Der Kampf war eine Form der Selbstdarstellung. Bereits Julius Caesar meinte, dass die berittenen Krieger oder *equites* die besten Männer der Gallier wären. Im Zuge seiner Kampfausbildung lernte der irische Held Cu Chulainn auch 27 Kniffe mit so klingenden Namen wie „der Apfel" oder „emporschnellendes Gift", die darauf schließen lassen, dass bei den Kriegskünsten Disziplin und Konzentration von ebenso großer Bedeutung waren wie Stärke. Die Vorstellung, dass Krieg als eine Kunstfertigkeit galt, zeigt sich darin, dass detaillierte Kampfszenen und kämpfende Krieger realistisch auf Schildern, Schwertern, Degen und Speeren dargestellt wurden.

Der Krieger nahm die reich geschmückten Waffen mit ins Grab, wo sie ihm auch nach dem Tode dienten. Die Kriegssymbolik der Waffen zeigen auch die Grabinschriften der Krieger: „Hundert Schlachten", „Großer Hund", „Schlange mit schrecklichem Stachel", „Stolzer Eber" oder „Schlachtwall", um nur einige zu nennen. „Rascher eilt er in eine Schlacht als zu einem Hochzeitsfeste" singt der Dichter Aneirin (siehe Seite 15) über einen dieser Krieger.

Loyalität und Mut sind die wichtigsten Attribute eines Mannes, die auch ein König bei seinen Soldaten zu schätzen weiß. In der *Gododdin*, einem altwalisischen Gedicht, erzählt Aneirin von 300 jungen Männern, die für den König von Gododdin kämpfen. Ein Jahr lang nehmen sie seine Gastfreundschaft an – sie schlemmen, trinken Met und erhalten teure Geschenke. Diese 300 Männer sind nicht nur tapfer, sondern auch klug, höflich zu Frauen und in Künsten wie der Kriegsführung bewandert. Nach einem sorgenfreien Jahr am Hof reiten die Krieger auf den weißen Pferden des Königs in die Schlacht, „um für ihren Met zu bezahlen". Sie sind wohlgemut und freuen sich auf den Kampf. Sie sterben alle ruhmreich und ihre tapferen Taten leben in einem Lied fort. Diese Legende zeigt

Die Weisheit des Schwertes

Die Kelten strebten in der Schlacht nach Ehre und lebten in Angst vor der Schande, durch die Weisheit des Schwertes geschlagen zu werden. Amairgen, einer der großen Figuren der irischen Mythologie meinte: „Ich bin die Spitze einer Waffe." Die besten Krieger trugen keltische Langschwerter und ihre Kunst wurde in den Gedichten gepriesen. Aneirin lobte die Männer von Gododdin als Krieger, „die sich tapfer schlugen". Auf Befehl des Anführers „wurden die Schwerter gesenkt. Sie liebten den Kampf und mussten keine Schande einstecken."

uns, dass die Unsterblichkeit auf Erden auch mit einem Leben nach dem Tode belohnt wird.

Der Anführer beschützt seine Männer auch nach ihrem Tod. So errichtete etwa Mac Con für alle Kameraden ein Hügelgrab, in dem sie aufrecht standen und das Schild vor dem Körper hielten, als ob ihre Seelen weiter kämpften. Die Gräber der Krieger liegen oft an Flüssen oder anderen Grenzlinien, damit die toten Soldaten von den Feinden getrennt waren. Als Taliesin und sein Reisegefährte an einer Grabstätte vorüberkommen, bittet ihn sein Gefährte bei jedem Grab, ihm Namen und Herkunft des Kriegers zu nennen. Es zeugt von der Wertschätzung der

MAGISCHE WAFFEN

· · · · · · · · · · · ·

Die Magie spielt auch in der Kriegsführung eine wichtige Rolle. Die schrecklichste der magischen Waffen Cu Chulainns ist ein Wurfspieß mit Widerhaken. Der *ga bolga* fügt tödliche Wunden zu und kehrt immer zu seinem Besitzer zurück. Cu Chulainn tötete viele Feinde mit dieser Waffe. Eines Tages kämpft er in der Brandung gegen einen unbekannten jungen Krieger. Der Kampf scheint unentschieden zu sein, bis Cu Chulainn den *ga bolga* wirft und seinen Gegner tötet. Erst als der Mann in seinen Armen stirbt, erkennt Cu Chulainn in ihm seinen eigenen Sohn. Kei, der Gefährte von König Arthus, verwendet eine andere mystische und magische Waffe, als er dem König hilft, einen Riesen zu besiegen. Kei besitzt neben seinen magischen Kräften einen Speer, der so scharf ist, dass er sogar den Wind zum Bluten bringt.

Kelten für ihre Krieger, wenn man von einem bedeutenden Seher erwartete, dass er Einzelheiten zu jedem toten Soldaten nennen konnte.

Nicht nur Männer, auch Frauen kämpften oder verfluchten den Feind. Die Kriegsgöttinnen verwandelten sich durch magische Kräfte in wilde Kreaturen – und wehe all jenen, die ihnen zu nahe kamen. Als Cu Chulainn vor einem Kampf die amourösen Avancen einer schönen Frau abschlägt, gibt sie sich ihm als die gefürchtete Kriegsgöttin Morrigan zu erkennen. Sie warnt ihn, dass sie ihn am Kampf hindern wird. Während der Schlacht greift sie ihn erst in Gestalt eines Aals, dann als Wolf und schließlich als hornlose Färse an. Jedes Mal verwundet sie den Helden. Nach dem Kampf nähert sie sich Cu Chulainn erneut und bietet ihm dreimal Milch an. Mit jedem Schluck heilt eine seiner Wunden.

Mut bedeutet, die Angst anzunehmen. Ein griechischer Autor beschreibt eine *carynx*, eine Kriegstrompete mit Tierkopf, die die Kelten vor der Schlacht bliesen, um die Feinde zu erschrecken. Schlachtgesänge, Sprechchöre und Trompetenstöße brachten sie in die Ekstase, die für die Kriegsführung nötig war.

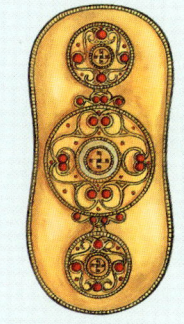

Keltische Dichter sind häufig auch Krieger. Allerdings genießen sie besondere Privilegien, so dass sie nur selten an den Kämpfen teilnehmen müssen. Der Dichter Aneirin wurde nach der Schlacht von Gododdin gefangen genommen und eingesperrt. Angekettet in seiner unterirdischen Zelle besang er magische Eber und tapfere Krieger.

Als letzter Überlebender der Schlacht und Einziger, der über den Tod der jungen Helden zu berichten wusste, entkam Aneirin dem Tod. In dem Gedicht *Gododdin* rühmt er das Lachen der Krieger vor dem Kampf und erzählt von ihren großen Taten sowie von ihrem ruhmreichen Tod, auf dass sie bis in alle Ewigkeit in Erinnerung bleiben.

DIE EHRE DER FRAUEN

Ein bekanntes irisches Gesetz besagt, dass eine Frau als Mädchen in die Obhut ihres Vaters, als Ehefrau in die Obhut ihres Mannes und als Witwe in die Obhut ihrer Söhne gehört. Doch keltische Frauen sind nicht so passiv, wie dieses Gesetz vermuten lassen könnte. Die klassische und die keltische Literatur berichten von Frauen, die ihre Ehre verteidigen. Boudicca, die Königin der Ikener (heute East Anglia) führte im Jahr 61 n. Chr. eine Revolte gegen die Römer an. Sie stand an der Spitze der britannischen Rebellen, um für eine gerechte Sache zu kämpfen. Der römische Historiker Tacitus beschreibt sie als rothaarige, zänkische Frau, doch schätzt er ihre Loyalität gegenüber den Untergebenen und ihren Mut, gegen das Unrecht zu kämpfen, das sie und ihre Familie erlitten haben.

In der gälischen Literatur schwankt Deirdre zwischen ihrer Liebe zu Naoise und der bevorstehenden Hochzeit mit dem alten, grausamen König Conchobar von Ulster. Als seine Verlobte mit Naoise und seinen Brüdern flüchtet, überlistet Conchobar den Liebhaber, tötet ihn und macht Deirdre zu seiner Sklavin. Nach einem leidvollen Jahr (häufig wird sie als Deirdre der Leiden bezeichnet) beschließt sie Selbstmord zu begehen. Lieber wirft sie sich vor einem Wagen und stirbt an einem gebrochenen Schädel, als noch länger die Grausamkeiten des Königs zu ertragen.

Dieser Ausschnitt aus einem keltischen Halsring könnte Blodeuwedd darstellen, die mit ihrem Liebhaber ihren Gatten, den Halbgott und Helden Lleu Llaw Gyffes, tötete.

Sie wurde einst aus Blumen geboren. Als Strafe für das Verbrechen wurde Blodeuwedd in eine Eule verwandelt, die von den anderen Vögel gehasst wurde und nur des Nachts hervorkommen konnte. Das alte walisische Wort für „Eule" ist *blodeuwedd*.

Die irische Mythologie erzählt von Frauen mit steter Zunge, einem geregelten Haushalt und fester Tugend. Davon handelt die Legende von Rhiannon, der Tochter des Königs der Anderswelt. Eines Tages folgt Pwyll, der König von Dyfed, einer schönen Frau, die auf einem weißen Pferd an seinem Hof in Arberth vorüberreitet. Doch so schnell er auch galoppiert, er kann sie nicht erreichen, bis er sie anspricht, wie es einer Frau ihres Ranges geziemt. Die Frau gibt Pwyll zu erkennen, dass sie Rhiannon ist und seine Frau werden möchte, um der Verlobung

DIE ALTE FRAU VON BHEARE

· · · · · · · · · · ·

In dem irischen Gedicht *Cailleach Bheara* erinnert sich eine alte Frau an die Zeit, als sie die Geliebte des Königs war. Nun lebt sie alleine mit Wind und Meer als Gefährten in Bheare. Sie ist schön oder hässlich, jung oder alt und symbolisiert den Kreislauf des Lebens und die Beziehung des Königs zu seinem Land. Als junges Mädchen verteilt sie den Becher der Macht und bietet die Weisheit der Frauen durch die Kraft des Wassers dar. Als alte Frau beherrscht sie die Natur. Auf der Isle of Man wird sie mit dem Wetter, in Schottland mit der Jagd assoziiert.

mit einem ungeliebten Freier zu entgehen. Pwyll stimmt freudig zu, doch wird er bei der Hochzeit überlistet, so dass er seine Braut dem Mann verspricht, den sie loswerden wollte. Die kluge Rhiannon greift ein und zeigt ihm, wie er seinen Rivalen demütigen kann. Ein Jahr später ist das Paar vereint.

Sobald das Paar nach Dyfed zurückkehrt, gelangt Rhiannon rasch in den Ruf einer perfekten Königin. Auf Grund ihrer Großzügigkeit und Gastfreundschaft verlässt niemand ohne Geschenk den Hof. Doch hat sie keine Kinder und der Stiefbruder ihres Ehemanns beginnt, bösartige Gerüchte über sie zu verbreiten.

Als endlich ein Sohn geboren wird ist die Freude groß. Doch das Baby verschwindet auf mysteriöse Weise und die Königin wird beschuldigt, ihr eigenes Kind getötet zu haben. An ihrem Gesicht klebt Blut. Allerdings ist dies das Blut eines Hundes, den die Wächterinnen getötet haben. Sie fürchten, dass sie ihre Nachlässigkeit das Leben kosten wird. Rhiannon schweigt würdevoll zu den Anschuldigungen und bei der Bestrafung. Nie macht sie Schuldzuweisungen oder beteuert sie ihre Unschuld. Ihre Standhaftigkeit wird belohnt, als das Kind gesund und lebendig zurückkehrt. Rhiannons Ruf als gute Königin und Mutter und als ehrenhafte Frau ist wiederhergestellt.

Diese seltene Bronzestatue (von denen es weltweit nur drei gibt) wurde neben anderen Heiligtümern in einem keltischen Schrein in Loiret (Frankreich) gefunden. Sie soll etwa 2000 Jahre alt sein und kann eine Anbeterin oder eine Priesterin darstellen, die an einem Tanzritus zu Ehren einer Gottheit teilnimmt. In späteren keltischen Gedichten wurde die Anmut und Schönheit von Frauen wie dieser geschmeidigen und anmutigen Tänzerin gepriesen. Sie hatten die „Figur einer Zypresse" und „seidenes Haar, das wie die Milchstraße glänzte".

EINE SELBSTLOSE MUTTER

Das *Mabinogion* erzählt, dass die Frau, die Rhiannons Baby aufnimmt und großzieht (siehe gegenüber) beispielhafte Selbstlosigkeit beweist. Erst erklärt sie ihrem Gatten Teyrnon, der das Kind rettete, dass sie für das Kind sorgen möchte: „Herr, es wäre mir eine Freude und ein Vergnügen, wenn dies Ihr Wille ist." Als klar wird, wer die wahren Eltern des Kindes sind, gibt sie das Baby gerne an die leibliche Mutter zurück: „Drei Dinge, mein Herr, werden wir da-durch gewinnen. Den Dank und die Gunst Rhiannons, die wir von ihren Qualen befreiten. Den Dank Pwylls, dessen Sohn wir nähr-ten und zu ihm zurück-brachten. Und drittens, wenn der Junge ein tugendhafter Mann wird, so wird er uns durch seine Kraft all das Gute, das wir ihm taten, zurückgeben." Die Frau, deren Name nie genannt wird, steht für die Opfer, die jede Mutter für das Wohl ihres Kindes bringt.

Das Baby war von einem bösen Geist gestohlen (von einem Herrn namens Teyrnon gerettet und von seiner Frau gepflegt) worden. Dieser Gefahr sind alle Mütter ausgesetzt, so dass sie ständig über ihre Kinder wachen müssen. Schützen-de Rituale können helfen. Rote Bänder an den Kleidern der Kinder beschützen sie vor Hexen. Babys brauchen aber auch weltlichen Schutz, wenn sie nicht von Feen entführt werden sollen. Ein gutes Beispiel dafür ist die Mutter des Kleinen Dinogad, die seinen Schlaf bewachte und ihm von dem guten Fleisch und den warmen Häuten vorsang, die sein Vater von der Jagd nach Hause bringen würde.

LETZTE WEISHEITEN

Auf einer Insel südwestlich von Irland lebt der Gott Donn, der Herr der Toten, dem alle Lebenden irgendwann Tribut zollen. Als Gott der Vorfahren lebt er in einer Höhle und ist von neun Maiden umgeben, deren Atem das Feuer unter seinem Zauberkessel am Lodern hält. Donns Reich erstreckt sich bis zu den Gräbern der keltischen Krieger und Könige. Neben Waffen, Juwelen und Bechern wurden auch Wagen für die Reise in die Anderswelt in die Gräber gelegt.

ANKOU, DER BRETONISCHE TODESBOTE

In der Bretagne holt Ankou die Seelen der Sterbenden. Wie der Tod nimmt auch Ankou mannigfaltige Formen an. Manchmal ist er ein großer, dünner Mann, dann wieder ein Skelett, das sein Gesicht hinter einem breitkrempigen Hut verbirgt und eine Sense trägt. Manchmal erscheint er zu Fuß, dann wieder fährt er in einem Wagen, der mit Steinen gefüllt ist, die er ausstreut, wenn eine neue Seele seine Kutsche besteigt. Ankou ist also nie weit, wenn man das Rollen von Steinen hört.

Da die größten Weisheiten in der keltischen Mythologie aus dem Reich der Toten stammen, steigt sogar der leuchtende Sonnengott Dagda des Nachts in Donns Schattenreich hinab. Die Sonne ist die Quelle allen Lebens und der Weg, den sie zwischen dem Reich der Lebenden (Tag) und dem Reich der Toten (Nacht) beschreitet, bestimmt den Rhythmus der Zeit.

Die Kelten meinten, dass die Lebenden festen Kontakt zu den Toten halten. Das Land der Toten birgt mannigfaltiges Wissen, doch auch Gefahr für die Lebenden. Ihnen ist es verboten, vor der Zeit dieses dunkle Reich zu betreten. Doch die Versuchungen, dieses Verbot zu umgehen, sind vielfältig und groß. Einem klassischen Autor zufolge werden die britannischen Fischer manchmal von den Seelen der Toten gestört, die sie in der Nacht anrufen und um die Überfahrt zu einer mysteriösen Insel, dem Reich des Donn, bitten. Jeder, der vor dem Tod in die Anderswelt reist, bleibt jung, solange er sich dort aufhält, doch altert er bei seiner Rückkehr unverzüglich.

Der Tod ist der Übergang in ein anderes Dasein, der häufig von Zeichen und Vorahnungen begleitet wird. So erschienen etwa König Connaire kurz vor dem Tod drei rothaarige Reiter, die aus Donns westlich gelegenem Reich kamen. Andere Vorzeichen sind Leichenkerzen (Lichter, die über der todgeweihten Person schweben) und das Krächzen der Raben. Der Harfenspieler David von dem Weißen Felsen träumte von seinem Tod. Als er erwachte, bat er seine Frau, sie möge ihm die Harfe bringen, damit er ein letztes Lied spielen könne. Mit den letzten Tönen hauchte er sein Leben aus.

21

DAS WAR DAS HAUS

Paläste und Gebäude leben und sterben wie Könige und Prinzen. Die keltischen Barden stellten deshalb die Gebäuderuinen in krassen Gegensatz zu dem heiteren Leben, das einst hier stattfand. In dem folgenden Ausschnitt aus dem *Canu Heledd* *(Lied der Heledd)*, dem Gedicht eines anonymen walisischen Dichters aus dem 9. Jahrhundert, betrauert Heledd den Tod ihres Bruders, des Königs Cynddylan.

„Cynddylan, der strahlende Pfeiler des Grenzlandes, er trägt eine Kette,
wacker verteidigt er Trenn, des Vaters Stadt, in der Schlacht.

Cynddylan, der Tapfere mit dem weiten Herzen, trägt eine Kette,
standhaft im Heer verteidigt er Trenn, die eigene Heimat …

Wie traurig ist es, das weiße Fleisch in den schwarzen Sarg zu legen,
Cynddylan, Feldherr von hunderten Kriegern.

Die Halle des Cynddylan ist heute dunkel, kein Feuer glost, kein Bett gemacht;
Nur kurz werde ich weinen, dann werde ich still sein.

Die Halle des Cynddylan ist heute dunkel, kein Feuer glost, noch brennen Kerzen
Wer außer Gott gibt mir Seelenruh?

Die Halle des Cynddylan ist heute dunkel, kein Feuer glost, noch brennt ein Licht;
Ein Sehnen nach dir überkommt mich."

DER LAUF DER NATUR

Das keltische Jahr hat weder Beginn noch Ende. Es folgt dem Rhythmus der Natur in einem steten Kreislauf. Die Stichtage des Kalenders fallen mit den Veränderungen in der Natur zusammen. Jede neue Jahreszeit wird mit einem Fest eingeläutet, das der Bedeutung für die Landwirtschaft Rechnung trägt. An den Festtagen verschwimmen die Grenzen zwischen materieller und spiritueller Welt und die Bewohner der Anderswelt betreten das Reich der Lebenden.

ZWEI GESICHTER: WACHSTUM UND VERFALL

Die Natur schenkt und nimmt Leben. Diese beiden Aspekte sind untrennbar miteinander verbunden, da ohne Zerstörung nichts wachsen oder geheilt werden kann. Deshalb verbinden die Kelten wilde und starke Tiere mit sanften Göttinnen. Auf dem europäischen Kontinent werden die Bären von Artio, der friedvollen Göttin des Waldes, bewacht, der Eber dagegen von Arduinna, die ein Jagdmesser trägt und auf ihm wie auf einem zahmen Pony reitet. Diese Gottheiten verkörpern das Paradoxon von Leben und Tod, als ob sie die Schutzpatrone der Jäger und der Gejagten wären.

Die Natur kann ihre heilenden Kräfte nur freisetzen, wenn sie ihr zerstörerisches Potenzial durch die Handlungen von Vermittlern wie Naturgottheiten und ihren menschlichen Vertretern, den Druiden und Heilern, in Schach hält. Einige Ärzte der schottischen Könige und Landherren wurden zu Heilern, nachdem sie das Fleisch der magischen Schlange verzehrt hatten. Eine bretonische Geschichte erzählt, dass der Verzehr der magischen Schlange außerordentliche Fähigkeiten wie die Gabe der Heilkraft verleiht. Ein junger Mann lebte bei einer Hexe. Eines Tages erlegte er auf ihre Bitte eine weiße Schlange, aus der sie in einem Topf

Diese fragile Statue aus Bern, Schweiz, zeigt eine sitzende Frau mit einem Obstkorb auf dem Tischchen neben ihr. Sie bietet die Früchte einem Bären dar, der vor einem Baum steht. Diese Figur ist „Deae Artioni", der „Bärengöttin" oder „der Göttin Artio" gewidmet. Der Baum könnte ein Symbol für den Wald als Ganzes sein. Wahrscheinlich war diese Göttin nicht nur die Schutzherrin der Jäger, sondern auch die Beschützerin der Bären und die Göttin des Waldes.

Suppe bereitete. Als ihn der Hunger plagte, nahm er sich ahnungslos von der Suppe und bemerkte rasch, dass er plötzlich ungeahnte Fähigkeiten besaß. Er verstand die Sprache der Vögel, konnte zaubern und mit Kräutern heilen. Er erkannte auch, wer seine Hausherrin tatsächlich war. Allerdings kam es bald zu einem Wettstreit zwischen den beiden, wer von ihnen größere Talente besaß.

Pflanzen und Tiere waren eine Quelle der Magie, bevor die Wissenschaft für alles eine Erklärung suchte. In einer Sage berührt der irische Held Finn Mac Cumhaill einen Lachs, der von den Bäumen der Göttin Boinn Haselnüsse gegessen hatte, und erlangt sofort unendliche Weisheit. Viele der Tiere und Pflanzen, von denen die alten Heiler ihre Kunst erlernten, hatten auch eine religiöse Funktion.

PEREDURS WAHL

· · · · · · · · · ·

Die beiden Aspekte der Natur zeigen sich auch in der Geschichte von Peredur, dessen Abenteuer als Symbol für seinen Wandel von einem gewöhnlichen Mann zu einem Helden stehen. Eines Tages sah Peredur einen ungewöhnlichen Baum an einem Flussufer. Eine Seite war grün belaubt, aus der anderen loderten Flammen empor. In der Nähe saß ein junger Edelmann. Er ließ Peredur zwischen drei Wegen wählen. Der erste führte zu einer ruhigen Schlafstatt, der zweite zu einem Festmahl und der dritte zu einem furchtbaren Ungeheuer. Peredur wählte den dritten Weg, der ihm natürlich Heldentum brachte.

27

DER GEHÖRNTE GOTT

· · · · · · · · · · · · ·

Der gehörnte Gott Cernunnos verkörpert die enge Verbindung der Kelten mit der Natur. Er ist manchmal alt, dann wieder jung, halb Mann und halb Tier, und sitzt meist mit überkreuzten Beinen. Cernunnos hat Hufe anstatt der Füße und ein Geweih sprießt aus seinem Kopf. Dies ist ein Symbol für den ewigen Kreis-lauf der Erneuerung. Manchmal fließt Gold aus seinen Fingern, dann wieder hält er wie hier eine Schlange, die ebenfalls für Erneuerung steht. Er trägt zwei Torques (Halsringe), die bei den Kelten Macht und Status symbolisierten. Cernunnos ist der Gott der zahmen und wilden Tiere und Herrscher über die Natur.

Bäume sind wichtige Symbole der keltischen Mythologie. So wird der Gott Esus meist beim Fällen einer Weide dargestellt. Da seine Wurzeln tief in die Erde reichen und die Äste gen Himmel wachsen, gilt dieser Baum als Verbindung zwischen Ober- und Unterwelt. Laubbäume symbolisieren den unendlichen Kreislauf von Geburt, Tod und Wiedergeburt, immergrüne Bäume das Paradoxon des Lebens nach dem Tod.

So erwähnt etwa der römische Schriftsteller Plinius, dass die Mistel, die den Druiden besonders heilig war, nicht nur für eine Heilsalbe verwendet wurde, sondern auch ein Mittel gegen Unfruchtbarkeit war. Der Grund dafür könnte sein, dass dieser Parasit im Winter treibt, während die Wirtspflanze leblos erscheint.

In den keltisch-heidnischen Gravierungen wird der Gott Esus beim Fällen einer Weide dargestellt (siehe Bild oben). Der römische Dichter Lucan schreibt, dass Esus Menschenopfer forderte, die erstochen, auf Bäume gehängt und ausgeblutet wurden. Doch Esus, dessen Name „der gute Meister" bedeutet, wird häufig mit Cernunnos, dem gehörnten Naturgott (siehe gegenüber) dargestellt. Er repräsentiert einen liebenswürdigeren Aspekt dieser mysteriösen Gottheit. In einer stark symbolträchtigen Darstellung schneidet Esus einen Ast von einer Weide ab, während der gehörnte Gott ruhig über ihm auf einer Säule sitzt. In der Nähe befindet sich ein Bulle (vielleicht ein Opfer), der drei Reiher auf dem Rücken trägt. Die Vögel bilden eine Triade (also eine Dreiergruppe), die in der keltischen Mythologie häufig als heiliges Symbol wiederkehrt. Zwar wissen wir nicht, welche Mythen auf den Darstellungen zu sehen sind, doch der Symbolismus besagt, dass die Natur im Frühling wieder zu neuem Leben erwacht.

29

WEISE WETTERSPRÜCHE

In einer Gesellschaft, deren Überleben von Getreide und Tieren abhängt, ist eine genaue Wetterprognose wichtig. Die Kelten kennen unzählige Wetterregeln. So heißt es auf der Isle of Man, dass ein fischreiches Jahr kommen wird, wenn die Sonne am Neujahrstag auf die Hügeln scheint. Hier eine Auswahl von irischen und walisischen Wettersprüchen aus anonymen mittelalterlichen Manuskripten.

„Wenn Schnee fällt und der Raureif weiß schimmert,
starker Wind bläst und das Gras gefriert,
dann ruht der Schild auf der Schulter der Alten.

Wenn Schnee auf das Eis fällt
und die Bäume sich sanft im Winde wiegen,
dann ist der Schild auf der Schulter der Tapferen gut.“

(walisisch)

· · · · · · · ·

„Schnee im Gebirge, weiß die Schlucht,
die Bäume sich biegen unter der Macht des Windes,
Viele Paare sich lieben, doch kommen sie nie zusammen.

Schnee im Gebirge, die Vorderseite des Turms befleckt,
die Tiere nach Schutz sich sehnen,
Wehe der Frau, die einen schlechten Gemahl bekommt.

Schnee im Gebirge, die Vorderseite der Klippe ist befleckt,
das Schilfgras verdorrt, die Rinder meiden das Wasser.
Wehe dem Mann, der ein schlechtes Weib erhält.“

(walisisch)

„In der schwarzen Zeit des tiefen Winters
die Wogen sich im Sturm erheben
am äußeren Rand der Welt.
Traurig die Vögel auf den Weiden singen
nur die Raben ergötzen sich an tiefrotem Blut.
In den Fängen des tiefen Winters
ist es neblig, schwarz, dunkel und rau.“

(irisch)

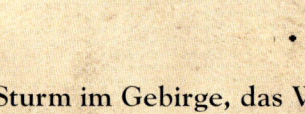

„Sturm im Gebirge, das Wasser hoch in den Flüssen steht,
die Flut an den Häusern der Orte leckt.
Die Welt ist einem Ozean gleich.“

(walisisch)

„Wenn der Wind von Osten weht
sich der Geist der Wogen regt.
Er wünscht gen Westen zu ziehen,
in das Land, wo die Sonne
in der weiten grünen See versinkt.“

(irisch)

„Üblich ist der Wind von Norden,
üblich ist es für Mädchen, lieb zu sein.
Üblich ist ein fescher Mann in Gwynedd,
üblich für einen Prinzen, ein Fest zu feiern.
Üblich ist Verzagtheit nach einem Gelage.

Üblich ist der Wind von Osten,
üblich für eine stattliche Person, selbstzufrieden zu sein.
Üblich ist eine Amsel zwischen Dornen.
Üblich ist großes Klagen nach großer Gewalt.
Üblich ist es für Raben, Fleisch im Walde zu finden.”

(walisisch)

· · · · · · ·

„Regen in der Natur benetzt den Farn.
Weiß sind die Kiesel aus dem Meer, schaumig der Strand.
Verständnis ist ein großes Geschenk für den Menschen.”

(walisisch)

· · · · · · ·

„Wenn die Färsen im Sommer muhen, ist es schön,
es ist nicht harsch und rau, doch ruhig und mild.
Der Wind säuselt in den grauen, wolkenverhangenen Wäldern,
der Fluss plätschert, der Schwan singt sein lieblich’ Lied.”

(irisch)

33

WISSEN ÜBER
DIE JAHRESZEITEN

Die Kelten betrachteten den Verlauf der Jahreszeiten als steten Kreislauf, als Rad, das sich drehte. Die Kraft der Sonne schafft Leben und reguliert alles Wachstum, auch das der Pflanzen und Tiere, von denen die Menschen abhängen.

Da die Naturkräfte das Schicksal des Menschen bestimmen, muss es für alles die richtige Zeit oder Jahreszeit geben. Zu Samhain, das jedes Jahr Anfang November stattfindet, werden gemeinsam Spiele gespielt und Legenden von Helden erzählt. Die Menschen können ein letztes Mal vor dem Winter ein großes Fest genießen. Zu dieser Zeit gelten die normalen Gesetze der Welt nicht. Die Geister kehren in die Welt der Lebenden zurück und die Lebenden können das Reich der Toten besuchen. Die Kelten dachten, dass Samhain außerhalb der normalen Zeit stand, und dass sich an jenem Tag die Feenhügel öffneten (siehe Seite 60–61) und die Menschen Seltsames und Wundersames erlebten. Die Geschichten jener Erlebnisse spiegelten die Rituale wider, die in dieser heiligen Zeit stattfanden, in

Feuer spielte bei den Festen Samhain und Beltane eine wichtige Rolle. In der Nacht von Samhain mussten die Kamine bedeckt werden, damit die Geister nicht eindringen und den Bewohnern der Häuser Böses tun konnten. Zu Beltane vertrieben die Feuer die letzte Winterkälte und bereiteten auf das bevorstehende Wachstum, die Wärme und das Licht vor. Die Asche der Feuer sollte vor Krankheiten schützen.

SONNE UND ERDE

Die Verbindung zwischen Sonne und Erde findet in einer keltischen Legende ihren Ausdruck, die das erste Paar der Welt beschreibt: den Sonnengott und die Erdgöttin, die mit dem Wasser verbunden sind. Der Gott Sucellos, der „gute Schläger", trägt einen Doppelhammer, um die Erde zu lockern (das Tauen des gefrorenen Bodens in der Sonne) und Leben zu bringen. In der anderen Hand hält er einen Topf, um die Früchte seiner Arbeit zu sammeln. Diese Figur war besonders in den Weinbaugebieten beliebt. Seine Partnerin ist die Göttin Nantosuelta, die „Strömende". Sie steht für das Wasser und das Leben. Die Jahreszeiten wandeln sich aufgrund des steten Wechselspiels zwischen diesen beiden Leben spendenden Attributen.

der man den mythischen Wesen und Vorfahren gedachte und die Geister besondere Macht hatten. Alte Legenden erzählen, dass zu Samhain die bösen Fomoire, ein Volk von Ungeheuern, zwei Drittel aller irischen Lebensmittel stahlen und Aillen mac Midna das irische Gericht Tara angriff und niederbrannte (siehe Seite 66). Da auch die Götter und Helden nur schwer gegen diese bösen Kräfte ankamen, war Samhain auch eine Zeit der düsteren Gedanken, nicht nur der Feste.

Das nächste große Fest im keltischen Kalender ist Imbolc, das Anfang Februar gefeiert wird. Das Wort bedeutet „Geburt der Jungen" und es fand zu einer Zeit statt, in der sich die Kelten erneut auf Ackerbau und Viehzucht vorbereiteten.

DAS SCHWARZE SCHWEIN

Bei den Kelten waren die wilden Eber Kriegssymbole, doch haben sie noch andere magische Eigenschaften und Konnotationen mit der Anderswelt. Bei einem alten Brauch, der zu Samhain in Wales praktiziert wird, spielt noch heute ein schwarzes Schwein eine Rolle. Auf den Hügeln entfachen die Bewohner in allen Bezirken nach Einbruch der Dunkelheit riesige Feuer, sie blasen Hörner, tanzen und springen. Alle Menschen laufen durch das Feuer und werfen einen Stein hinein. Wenn das Feuer ausgeht, fliehen alle vor dem Geist *Hwch ddu cwta* nach Hause. Dabei singen sie: „Wir wollen Erste sein, da das schwanzlose schwarze Schwein den Letzten fängt." Wer am nächsten Tag seinen Stein wieder findet, dem ist im neuen Jahr das Glück hold.

Nach der Verbreitung des Christentums wurde aus Imbolc der Festtag der hl. Bride, der Schutzheiligen des Viehs und des Ackerbaus, die auch das Wetter bestimmte. Eine Legende erzählt, wie sie eines Tages ihre frisch gewaschene Wäsche auf einen Lichtstrahl hängte, der steif blieb, bis die Kleider trocken waren. Imbolc ist ein besonderer Stichtag. Auf der Isle of Man sagt man, dass gutes Wetter zu Imbolc eine schlechte Ernte bedeutet, schlechtes Wetter jedoch reiche Ernte bescheren wird. Diese Widersprüche zählen zu den faszinierendsten Merkmalen der keltischen Mythologie.

Beltane, das Fest des „hellen Feuers", fand am ersten Mai statt und läutete den Sommer ein, den die Dichter als „schönste Jahreszeit" bezeichneten. An jenem Tag errichteten die Druiden große Feuer, durch die sie ihr Vieh trieben. Dabei sangen sie Zaubersprüche, um das Vieh vor Krankheiten zu schützen. Auch

Das Fest Imbolc Anfang Februar war die Zeit, zu der Tiere gezüchtet und Getreide ausgesät wurde. In Ställen und Molkereien wurden Kerzen angezündet, die Glück bringen sollten. Familien, die von Feen abstammten, sagten, dass sie von den Feen bevorzugt würden, wenn sie zu Imbolc gefleckte, rotohrige oder weiße Rinder in der Herde hätten. Die Feen würden ihnen Wohlstand und reiche Milch bescheren.

zu Beltane verschwimmen die Grenzen zwischen der Welt der Menschen und dem Geisterreich. Allerdings besuchen zu Beltane friedfertige Geister die Erde. Das Licht, das die Dunkelheit besiegt, dominiert die Symbolik von Beltane. Wie so oft in der keltischen Mythologie findet sie ihren Ausdruck in Gegensätzen. Gwynn ap Nudd (der „Leuchtende") entführte als König der Anderswelt die zukünftige Braut von Gwythyr ap Gwreildawl. Die Rivalen werden dazu verdammt, einander an jedem ersten Mai zu bekämpfen, bis die Welt untergeht und der Gewinner die Hand der Maid erhält. Diese Legende hat auch eine sehr menschliche Dimension, denn es ist alles vergebens: Wenn die Welt untergeht, wird auch der Gewinner nicht überleben und die Liebe der Frau genießen können.

Das Erntefest Lughnasad, in der christlichen Zeit als Lammas bekannt, wird Anfang August gefeiert. Meist beginnen die Feiern schon zwei Wochen vor dem Festtag und dauern danach noch zwei Wochen an. Es ist eine Zeit des Jubels und der Spiele. Besonders populär sind Ballspiele und *fidchell* (eine Art keltisches Schach).

Lughnasad ist auch das Fest des Gottes Lugh, der mit dem Kreislauf der Natur assoziiert wird. Als der Tyrann Balor, der Anführer der Formoire, erfuhr, dass ihn das Kind seiner Tochter töten würde, schloss er sie in einem abgelegenen Turm ein, doch konnte er damit die Geburt seines Enkels nicht verhindern. Lugh schloss sich später den zauberkundigen Kriegern der Tuatha De Danann in ihrem Kampf gegen Balor an. Der große Magier, Krieger, Harfenspieler, Dichter und Handwerker Lugh war der Einzige, der Balor töten konnte, dessen riesiges rotes Auge alles vernichtete, was es erblickte. Die Kraft von Balors Auge wurde umso stärker, je mehr von den sieben Binden abgenommen wurden. Lugh traf schließlich Balors Auge mit einem einzigen Stein den er so fest warf, dass das Auge aus Balors Hinterkopf platzte und die Truppen des Tyrannen erblickte. So überwältigte Lugh die zerstörerische Kraft der Natur und schützte die Ernte. Als König sicherte Lugh dem Land nach langen Jahren der Dürre wieder Wohlstand.

DIE STRASSE DES GWYDION

Wie viele alte Völker wussten auch die Kelten, dass die Jahreszeiten im Einklang mit den Bewegungen der Gestirne standen. Die Kelten verehrten neben Sonne und Mond auch die Sterne, die sie als „Hof des Donn" (des irischen Gottes der Toten) bezeichneten und als wichtige Götter betrachteten. Das mächtigste Kind Donns war der Magier Gwydion. Er schuf aus Blumen eine Frau, die er seinem Sohn zur Gattin gab. Sie tötete aber ihren Ehemann. Der trauernde Vater schuf nun die Milchstraße als Weg in den Himmel zu seinem ermordeten Sohn.

SONNE UND MOND

In einer kriegerischen Welt sind Sonne und Mond sehr beruhigende Konstanten. Im 19. Jahrhundert reiste Alexander Carmichael in die Highlands und auf die Inseln Schottlands, um traditionelle keltische Lieder zu sammeln.

Die Sonne
„Du sollst hoch leben, Sonne der Jahreszeiten,
die du hoch oben den Himmel durchquerst.
Deine Schritte sind groß wie die Schwingen des Himmels,
glorreiche Mutter der Sterne, die du bist.

Du bettest dich zur Ruhe in der wütenden See,
ohne Schwäche oder Angst zu verspüren.
Hoch erhebst du dich auf den friedlichen Wogen
wie eine königliche Maid, die in lieblicher Blüte erstrahlt."

Der Mond
„Möge dein Licht mir milde strahlen,
dein Weg mich sanft geleiten.
Wenn dein Anfang mir wohl gesonnen,
noch siebenmal besser dein Ende mir dient.
Du sanfter Mond der Zeiten,
du sanftes Licht voller Anmut.

Der dich erschuf,
war auch mein Schöpfer.
Er, der Gewicht und Licht dir gab,
schenkte auch mir Leben und Tod
und den Glanz der sieben Freuden.
Du großes Licht voller Anmut,
du sanfter Mond der Zeiten."

ECHOS
AUS DER
ANDERSWELT

Die keltische Anderswelt ist ein geheimnisvoller, übernatürlicher Ort, an dem die Gesetze von Zeit und Raum nicht gelten. Sie umfasst das Land der Toten, das Reich der Götter, die sagenumwobenen Inseln im Westen, das Königreich unter dem Meer und die Feenhügel. Die Menschen betreten die Anderswelt auf eigene Gefahr, doch alle, die auf der Suche ihre Tugenden erkennen, kehren mit ungewöhnlichen Kräften und großer Weisheit zurück.

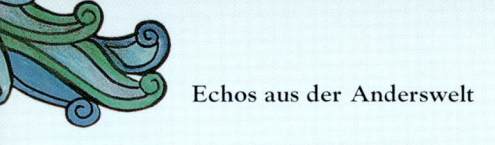

DIE VERZAUBERTEN INSELN

Die Kelten meinten, dass im Westen, wo die Sonne untergeht, eine mysteriöse Insel oder Inselgruppe liegt. Hier sind die Gesetze des normalen Lebens außer Kraft und es regiert eine utopische Ordnung, die größere Möglichkeiten eröffnet. Die Merkmale dieses Reichs sind von Legende zu Legende verschieden. So heißt es etwa, dass die Vögel ohne Unterbrechung singen, die Frauen atemberaubend schön sind oder die Menschen für immer jung und unsterblich bleiben.

Keltische Chronisten berichten, dass ein Bereich der Anderswelt, in den sich kaum ein Sterblicher verirrte, *Tir na N'og*, das Land der Jugend war. In seiner Erzählung über das Kloster auf Bardsey Island (vor der walisischen Küste) beschreibt Gerald von Wales die Anderswelt realistischer. Er spricht nur von einer anderen Welt, in der das Leben gut ist, Leiden unbekannt sind und die Mönche zufrieden leben. Sie sterben nur aus Altersschwäche und gehen in der Reihenfolge ihrer Geburt in das Leben nach dem Tod über. Das heißt also, dass die Jungen nie vor den Alten sterben.

In der *Immram*-Legende über die Reise des Bran (siehe Seite 68–71) wird erzählt, dass die Anderswelt ein fantastisches Paradies ist, das der keltischen Fantasie entsprungen war. Hier sind wunderbare Abenteuer möglich, doch müssen erst zahlreiche Hindernisse überwunden werden. Eines Tages erscheint an Brans Hof eine schöne Frau, die ihm von

Dieses kleine Boot ist aus reinem Gold gefertigt und könnte dem Boot entsprechen, das nach Meinung der irischen Kelten für die Reise zu der Insel der Seligen verwendet wurde. Vielleicht opferten es die Seefahrer einer Meeresgöttin wie Manannan mac Lir (siehe Seite 52).

DIE WEISEN AUS DEM WESTEN

· · · · · · · · · · · ·

Ein walisisches Stück aus dem 16. Jahrhundert, das für das christliche Fest der Heiligen Drei Könige geschrieben wurde, erzählt von den drei Weisen, die Jesus Gold, Myrrhe und Weihrauch brachten. In der christlichen Symbolik stehen die Geschenke für Königswürde, Weisheit und die Macht über den Tod, die auch den Kelten sehr wichtig waren. Ein Detail in diesem Stück ist jedoch verändert. Die Weisen kommen nicht aus dem Osten, sondern aus dem Westen, dem mythischen Land der Weisheit, das als Anderswelt bekannt war.

dreimal fünfzig fernen Inseln erzählt. Besonders schwärmt sie von einer, wo Sorgen, Trübsinn und Tod unbekannt sind. Sie fleht Bran an, zu dieser Insel zu reisen und verschwindet. Bran ist entschlossen die Insel zu finden und sticht mit drei Schiffen zu je neun Mann in See. Die Seefahrer landen erst auf der Insel der Freude, wo ein Mann an Land geht. Aus der Ferne schien dieser Ort glücklich, doch klingt das Lachen der Inselbewohner nicht heiter. Sobald Brans Gefährte an Land ist, kann er nicht mehr in das Boot zurück. Er ist dazu verdammt, auf der Insel zu bleiben. Die anderen segeln zur sagenumwobenen Insel der Frauen weiter.

DIE FIN DER INSELN

Auf einigen Inseln vor der sturmgepeitschten Küste Schottlands leben die Fin. Diese Wesen sind teils Meerjungfrau, teils Mensch und können die Zukunft vorhersehen.

Manchmal laden sie Menschen auf ihre Inseln ein, wo sie in reichen Höfen mit viel Vieh leben. Manchmal verfangen sie sich auch in den Netzen der Fischer und werden an Land gebracht, wo sie fortan bei den Menschen leben. Da sie das Schicksal der Menschen vorhersehen können, weinen die Fin bei Geburten und Taufen und lachen bei Begräbnissen.

Allerdings verweilen sie nicht lange bei ihren Gastgebern. Oft kündigen sie ihren Gefährten ihre Ankunft an und kehren mit Hilfe der Fischer auf ihre Inseln zurück. Wenn die Fischer die Fin auf die Inseln zurückgebracht haben, vergessen sie für immer, wo diese Orte liegen.

Eine der Frauen ruft einen Willkommensgruß und wirft eine Schnur zu dem Boot, die sich sogleich um Brans Hand wickelt und das Schiff an Land zieht. Es ist die Frau, die aus Liebe zu Bran an seinem Hof die Vorzüge der Insel gelobt hat. Die beiden werden ein Paar und Bran lebt mit seinen Männern viele Jahre lang zufrieden auf der Insel. Das Land erfüllt alle Träume der Männer: schöne Frauen, weiche Betten, reichlich Nahrung, immerwährender Sommer, ein wunderbarer Palast und jeder Luxus, den sie sich wünschen können. Doch schließlich packt das Heimweh einen der Gefährten und die Reisenden beschließen, nach Irland zurückzukehren. Brans Geliebte bittet ihn zu bleiben, doch er lehnt ab. Als sie sieht, dass er fest entschlossen ist zu fahren, versucht sie ihn nicht weiter zu überreden, doch warnt sie ihn davor, nach Irland zurückzukehren.

Als die Männer Irland erreichen, rufen sie den Menschen an der Küste zu, dass Bran, der Sohn des Febal, wieder zurück ist. Niemand kennt seinen Namen, doch erinnern sich die Menschen an die alte Legende von „Brans Rudern". Der Mann, den das Heimweh plagte, spring tvoller Freude an Land. Doch sobald er den Boden berührt, zerfällt er zu Asche. Bran versteht nun, was die Fee mit ihrer Warnung gemeint hat. Von seinem sicheren Boot aus erzählt Bran den Menschen, was er und seine Gefährten erlebt haben. Dann stechen sie wieder in See. Von diesem Tag an wurden sie nie wieder gesehen.

Bran schrieb seine Reiseerlebnisse (siehe oben) in einem „Ogham" nieder, damit sein Wissen nie verloren gehen möge. Ogham ist das älteste keltische Schriftsystem, das aus dem 4. und 5. Jahrhundert n. Chr. stammt. Die Inschriften sind in vielen Teilen Irlands, Schottlands, der Isle of Man und in Wales auf Steinen zu finden. Das Schriftsystem besteht aus Punkten und Strichen, die Buchstaben entsprechen. Obwohl es auf dem lateinischen Alphabet beruht, dachte man, dass es Zauberformeln der Druiden enthalte.

UNMÖGLICHE AUFGABEN

Junge Männer, die ein edles oder übernatürliches Mädchen heiraten möchten, müssen sich erst durch ihre Verdienste als würdig erweisen. Häufig müssen sie scheinbar unmögliche Taten in der Anderswelt vollbringen. Dazu benötigen sie Weisheit, List und Mut, wie die folgenden Geschichten zeigen.

Ysbaddaden, der Oberste der Riesen der Anderswelt, hat eine schöne Tochter, die der junge Held Culwch heiraten möchte. Doch dazu muss dieser erst eine Reihe von scheinbar unmöglichen Aufgaben lösen, die ihm Ysbaddaden stellt. Zum Glück hat Culwch viele willige Helfer mit vielfältigen Talenten. Eine Aufgabe besteht darin, den Brautschleier aus einem Flachs zu weben, der nur an einem bestimmten Tag von einem einzigen Feld geerntet werden kann. Eine Ameisenkolonie, deren Hügel Culwchs Gefährten vor dem Verbrennen gerettet haben, eilt dem Helden zu Hilfe. Als alles verloren scheint und die Zeit verstreicht, ohne dass der Schleier gewebt ist, rettet eine lahme Ameise den Helden. Sie hinkt vor Einbruch der Dunkelheit mit dem letzten Halm heran.

In einer anderen Erzählung möchte ein verarmter junger Mann die Tochter des irischen Königs heiraten, die bereits einem feigen Prinzen versprochen ist. Der König stimmt unter der Bedingung zu, dass der Mann in der Anderswelt den traurigen *gruagach* (menschenfressenden Riesen) zum Lachen bringt. Der König meint, dass er mit dieser scheinbar unlösbaren Aufgabe seine Tochter vor einer Ehe unter ihrem Stand bewahren kann. Der Verehrer tritt als Kuhhirte in die Dienste des Riesen ein und köpft eines Tages die drei Riesen, die seine Kühe stehlen wollen. Der dankbare *gruagach* erzählt ihm, wie er und seine zwölf Söhne einst eine Nacht in dem Schloss eines Riesen verbrachten. Der Riese gab ihnen Besteck aus Holz und aus Eisen zur Wahl. Als sie das eiserne Besteck wählen, bekommen sie nichts zu essen. Später werden ihnen Reifen aus Eisen und aus Holz angeboten und sie wählen wieder die eisernen. Daraufhin erwürgte der Riese die Söhne mit den

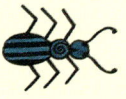

Metallreifen und köpfte sie. Seit jenem Tag hatte der Ogre nicht mehr gelacht. Als der junge Mann diese traurige Geschichte hört, macht er sich zum Schloss des Riesen auf und bittet, dieselbe Wahl treffen zu dürfen. Er wählt Holz und die Söhne des Ogre erwachen wieder zu Leben. Sobald dieser seine Söhne sieht, lacht er herzlich. Der junge Mann kehrt nach Erledigung der Aufgabe zu dem König zurück. Dieser erkennt, dass der tapfere, doch arme Mann ein besserer Ehemann für die Prinzessin ist als ein feiger Prinz und stimmt der Verbindung zu.

DER WAL JASCONIUS

Zu den vielen Abenteuern, die der hl. Brendan und seine Mönche auf ihrer Reise erleben, zählt ein Zusammentreffen mit dem Meereswesen Jasconius. Die Mönche landen auf einer Insel, um Feuerholz zu sammeln. Bald beginnt jedoch die Insel zu erzittern und zu erbeben und die verängstigten Männer eilen auf ihr Boot zurück. Sie wissen nicht, dass sie den Wal Jasconius geweckt haben, der bereits so lange im Ozean döst, dass auf seinem Rücken Pflanzen gewachsen sind. Der hl. Brendan beruhigt das Tier mit einem Vortrag über das Wesen von Himmel und Erde. Jasconius erkennt dankbar die Macht Gottes an, bevor er wieder in die Tiefen des Ozeans hinabtaucht und die Mönche ihre Reise ungestört fortsetzen lässt.

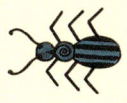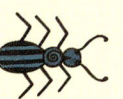

SCHLEIER DER ILLUSION

Reisende, die die Anderswelt betreten möchten, müssen durch den Schleier der Wirklichkeit in das Unbekannte eintauchen. Manchmal ist dieser Schleier ein Nebel oder ein Portal an einem Höhleneingang. Manchmal ist er auch die Meeresoberfläche, unter der ein geheimnisvolles Land liegt (siehe Seite 52). Die Vorstellung, dass die Dinge anders sind als sie erscheinen, zieht sich durch die Anderswelt wie ein Silberflöz durch einen Felsen. Die Illusion ist allgegenwärtig und gefährlich. Manchmal triumphiert die übernatürliche Welt, die Illusionen sind Fallen und die Männer kehren nicht zurück. Manchmal kommen sie heil nach Hause und bringen wertvolle Gegenstände mit magischen Eigenschaften mit.

Häufig verwandeln sich die Personen in der Anderswelt eine Zeitlang in groteske Figuren. Einst verliebte sich ein junger Edelmann in die schöne Melusine, die ihn unter der Bedingung zu heiraten bereit war, dass er sie nie beim Bad beobachtete. Ihre Ehe war mit vielen Kindern gesegnet, doch eines Tages konnte es sich der Mann nicht verkneifen, Melusine heimlich beim Baden zu beobachten. Voller Schreck sah er, wie sich seine schöne Frau in eine Seeschlange mit kleinen, schuppigen Flügeln und einem Schwanz verwandelte. Als Melusine fühlte, dass ihr Geheimnis entdeckt worden war, schrie sie und flog davon. Ihr Gemahl sah sie nie wieder, doch die Ammen der Kinder erzählten, dass jede Nacht ein geisterhaftes Wesen mit Schlangenschwanz neben den Kindern wachte. Bis heute kann man Melusines Schreie hören, bevor ein Familienmitglied stirbt.

Die Verwandlung ist auch ein moralischer Test, wie die Geschichte von Annwn, der walisischen Anderswelt zeigt. Arawn, der König von Annwn, bittet Pwyll, den jungen Herrscher von Dyfed, ihm zu helfen, ein Ungeheuer zu töten, dem nur ein tapferer, intelligenter Mensch Herr werden kann. Dafür tauschen sie ihre Gestalt. Arawn wird zu Pwyll (damit die Menschen von Dyfed nicht wissen, dass ihr Herrscher abwesend ist) und regiert das Land in Pwylls Abwesenheit mit

weiser Umsicht. Und Pwyll reist nach Annwn, wo er bei der schönen Königin wohnen soll. Sie denkt natürlich, dass Pwyll ihr Ehemann ist, doch aus Loyalität zu Arawn weist er ihre Avancen zurück. Mutig tötet er das Ungeheuer. Als die beiden Herrscher wieder ihre wahre Identität annehmen, erkennt Arawn, wie tapfer Pwyll tatsächlich ist und belohnt ihn mit dem Titel „Oberster von Annwn".

Pwyll hätte von übernatürlichen Illusionen profitieren können, doch widersteht er den Versuchungen. Ähnliche Charakterstärke zeigt auch der hl. Collen in der folgenden Geschichte. Der böse Herrscher Gwynn ap Nudd lädt den Heiligen

DER BRUNNENWÄCHTER

Als sich Niall von den Neun Geiseln und seine älteren Brüder im Wald verirren, beschließen sie, das gejagte Wild zu braten. Sein ältester Bruder macht sich auf die Suche nach Wasser und findet einen Brunnen, den eine Hexe bewacht. Sie verlangt einen Kuss für das reine, süße Nass. Der Mann kann sich nicht überwinden, diesen Preis zu bezahlen und kehrt mit leeren Händen zurück. Jeder Bruder geht nun zu dem Brunnen, ohne sich aber auf den Handel einzulassen. Schließlich macht sich Niall auf den Weg und küsst das Weib. Sofort verwandelt es sich in eine schöne, junge Frau, die ihm gesteht, dass sie Herrschaft heißt und er eines Tages König von Tara sein wird. Ein wahrer König kann die innere Schönheit erkennen.

Manannan mac Lir
und das Land unter den Wogen

Manannan mac Lir, der Gott des Meeres, durchpflügte sein Wasserreich, als ob es ein Weizenfeld wäre. Sein Lieblingsross war Enbarr, der „Meeresschaum". Die Dichter bezeichneten die weiß umkränzten Wellen als „Locken der Gattin Manannans". Als Bran, der Sohn des Febal, auf See war, begrüßte ihn Manannan und erzählte ihm, unter seinem Boot läge Mag Mell, das Land der Blumen, Wälder und saftigen Früchte, für das menschliche Auge unsichtbar verborgen. Manannan gab Bran magische Geschenke aus seinem Reich in der Anderswelt. Dazu zählten ein „Zaubernebel", der den Träger unsichtbar macht, Schweine, die immer wieder zurückkehren, wenn man sie tötet und verspeist, sowie die „Speisen des Goibhniu", die die Tuatha de Danann nicht altern ließen.

Im Bad verwandelt sich Melusine (siehe Seite 50) von der Hüfte abwärts in eine Seeschlange mit schuppigem Schwanz. Man kann sich vorstellen, dass die Schuppen ebenso glitzerten wie diese Brosche eines Seepferdes (1. Jahrhundert n. Chr.). Das walisische Wort für dieses silbrige Blau ist *glas*. Es enthält eine ganze Palette jener schimmernden Blautöne, die funkeln, wenn ein Lachs in einem Bächlein springt oder das Sonnenlicht auf das Wasser fällt.

in sein Reich bei Glastonbury Tor und fragt ihn nach seiner Meinung zu der prächtigen Halle, in der Juwelen funkeln und sich die Tische unter den Speisen biegen. Der Heilige lässt sich jedoch von diesen Reichtümern nicht blenden. Er besprengt die Halle mit Weihwasser und der Hof des Betrügers fällt zu einigen Grashügeln zusammen.

Einige Menschen können den Reichtümern der übernatürlichen Welt nicht widerstehen. Eines Nachts erscheint ein gut gekleideter Mann vor der Tür einer Hebamme und bittet um Hilfe, da seine Gattin gebiert. Gemeinsam reiten sie durch die Dunkelheit, bis sie eine wunderbare Halle erreichen, in der die Frau in Wehen liegt. Die Hebamme erkennt rasch, dass dieser Ort ungewöhnlich ist und dass ein Feenbaby geboren wird. Da die Feen aber oft menschliche Hebammen bei der Geburt ihrer Kinder einsetzen und sie dann reich belohnen, ist die Hebamme nicht beunruhigt. Nach der Geburt bittet sie der Vater, dem Kind eine besondere Salbe aufzutragen. Als sie damit unabsichtlich ihr Auge berührt, verwandelt sich die prächtige Halle plötzlich in eine modrige Höhle. Die Hebamme bleibt jedoch ruhig und geht mit ihrer Belohnung davon. Als sie den Mann unerwartet wieder trifft, fragt sie nach Mutter und Kind. Der Mann antwortet höflich und fragt, warum sie ihn sehen kann. Als sie auf das gesalbte Auge zeigt, drückt er es ihr aus, damit sie nie wieder Feen erblicken kann.

MYSTISCHE TIERE

Die Tiere lieferten den Kelten nicht nur Nahrung und Kleidung, sie waren für sie auch Transportmittel und hatten große spirituelle Bedeutung. Vielen Tieren wurden übernatürliche Kräfte oder besonders Wissen zugeschrieben, das ihnen freie Bewegung zwischen der Erde und der Anderswelt ermöglichte.

In der keltischen Mythologie ist der Eber häufig ein Symbol für den Helden, sein Fleisch bietet dem Helden Nahrung. In vielen Legenden über die Anderswelt werden Schweine getötet und verspeist, doch erwachen sie immer wieder zu Leben und sind so eine unerschöpfliche Nahrungsquelle. Ein Streit um diese magischen Tiere kann furchtbare Konsequenzen haben. Arawn, der König von Annwn, schenkt Pwyll, dem Prinzen von Dyfed, mehrere Schweine als Dank dafür, dass er ein Ungeheuer getötet hat (siehe Seite 50–51). Pwylls Sohn Pryderi soll die Tiere hüten. Als der Magier Gwydion diese als Geschenk verlangt, gerät Pryderi in einen Zwiespalt: Soll er die Tiere Gwydion geben oder würde dies Arawn verletzen? Der listige Gwydion versucht Pryderi mit Hunden und Pferden zu dem Tausch zu überreden. Pryderi nimmt schließlich den Handel an, doch verwandeln sich Gwydions Geschenke in Gras, Pilze und Treibgut, aus dem sie geschaffen wurden. Daraufhin erklärt Pryderi Gwydions Familie den Krieg.

Die loyalen Hunde sind nicht nur beliebte Haustiere, sie werden auch mit Heilung und der Anderswelt assoziiert. Caball, der Hund von König Arthus, war so groß wie ein Pferd und hinterließ einen Pfotenabdruck auf einem Stein, der auf ein Hügelgrab gesetzt werden sollte. Wenn jemand diesen Stein am Tag entfernt, ist er am nächsten Morgen wie von Geisterhand wieder an seinem Platz.

DIE JAGD NACH TWRCH TRWYTH

In der walisischen Legende *Culhwch und Olwen* versammeln sich die Armeen des Königs, um den Eber (und früheren König) Twrch Trwyth zu jagen, der einen Kamm und eine Schere gestohlen hat. Sie finden den Eber und seine sieben Schweine in Irland. Arthus und seine Männer jagen die Schweine über das Meer nach Wales, bis nur noch Twrch Trwyth übrig ist. In Cornwall gelingt es ihnen schließlich, die magischen Objekte zu erlangen und den Eber in das Meer zu treiben.

Wie Schweine und Eber werden auch Hirsche mit Helden assoziiert und als Boten oder Köder aus der Anderswelt eingesetzt. Als König Arawn Pwylls Hilfe benötigt, lässt er seine Hunde gleichzeitig mit Pwyll einen Hirschen aus der Anderswelt jagen. Als Pwylls Hunde in den Wäldern von Glyn Cuch einen Hirschen verfolgen, folgt ihnen ihr Herr und stößt auf eine Jagdtruppe des Königs. So bringt der Hirsch aus der Anderswelt die beiden Herrscher zusammen.

Der Naturgott Cernunnos (siehe Seite 28) trägt ein Hirschgeweih und hat einen Hirsch als Gefährten. Er repräsentiert den unendlichen Kreislauf der Natur,

den das stete Abwerfen und Wachsen des Geweihs symbolisiert. Der Symbolismus des Hirschen ist auch in der christlichen Tradition der Kelten zu finden. In mittelalterlichen Manuskripten galt der Hirsch als Metapher für den Tod und die Erlösung Christi.

Da sich Schlangen häuten, werden sie wie die Hirsche mit der Erneuerung assoziiert. Cernunnos wird häufig mit einer Schlange dargestellt. Dieses Tier steht auch für das Wissen aus der Anderswelt. Erst im Christentum werden der Schlange negative Eigenschaften zugeschrieben. So erzählt etwa der walisische Chronist Walter Map von einem Eremiten, der eines Morgens vor seiner Zelle eine kleine

DER SOHN DES HIRSCHEN

Oisin, Finn mac Cumhaills Sohn, ist einer der wichtigsten irischen Helden. Sein Name bedeutet „kleiner Faun". Um seine Empfängnis und Geburt ranken sich viele Legenden. In einer Erzählung ist seine Mutter eine Frau aus der Anderswelt, die Finn in Gestalt einer Hirschkuh erscheint, um ihn in den Wald zu locken und zu verführen. In einer anderen Version ist Oisins Mutter Finns Gattin. Als ihr Ehemann abwesend ist, wird sie von einem bösen Magier in eine Hirschkuh verwandelt. Sie flieht in den Wald und gebiert ein Menschenkind. Jahre später jagt Finn im Wald, als seine Hunde Wild aufspüren. Finn findet bei dem Tier einen kleinen Jungen, der erzählt, dass er im Wald von Hirschen aufgezogen wurde. Finn erkennt in dem Jungen den Sohn seiner verlorenen Gattin und nennt ihn Oisin.

Schlange findet. Da der gläubige Mann Mitleid mit der Schlange hat, versorgt er sie mit Milch und pflegt sie wie ein Haustier. Doch wird sie so groß, dass sie seine Zelle zu zerstören droht. So betet der Mann zu Gott um Hilfe und die riesige Schlange kehrt in den See zurück, aus dem sie entsprang. Gott erhörte die Gebete des Mönchs, um ihn für seine Wohltaten zu belohnen.

Das Pferd ist den Kelten besonders heilig. Häufig ziehen Pferde die keltischen Kriegswagen und die Tiere werden für ihre Anmut und Stärke verehrt. Das hart arbeitende und sanfte Pferd wird hoch gepriesen. Damit der Geist eines Hengstes auch bei der Zähmung ungebrochen blieb, sprach der Druide einen Zauberspruch in seine rechte Hand und „rieb" diese dann am Hinterteil des Tieres.

Häufig begleiteten die Pferde ihre Herren in die Anderswelt. In einigen Gräbern von Prinzen fand man Pferde mit Geschirr und Zügeln, die ihre Besitzer auf deren Reise nach dem Tod begleiten sollten. Eine der berühmtesten Geschichten über einen Helden und sein übernatürliches Pferd erzählt von Cu Chulainn und seinem „Grauen von Macha". Das Tier entsteigt auf wundersame Weise einem See. Es ist stolz und unzähmbar, doch reitet Cu Chulainn den ganzen Tag darauf durch Irland, um es am Abend mit nach Hause zu nehmen. Das treue Ross begleitet den Helden bis zu seinem Tod. Als die Omen darauf schließen lassen, dass Cu Chulainn in seine letzte Schlacht ziehen wird, will sich das Tier nicht vor den Wagen spannen lassen und weint Tränen aus Blut.

Andere Tiere werden mit Magie und Wahrsagerei assoziiert. Julius Caesar schreibt, dass den Kelten der Hahn, die Gans und der Hase heilig waren und aus diesem Grund nicht verspeist wurden. Der Weg, den der Hase nach seiner Freilassung einschlägt, ist ein Zeichen für den Ausgang eines bevorstehenden Kampfes. Aus diesem Grund ließ Boudicca, die unerbittliche Königin der Ikener, vor ihrem Kampf gegen die Römer unter Suetonius Paulinus im Jahr 60 n. Chr. einen Hasen als Tribut an die Stammesgöttin Andraste frei. Die Göttin muss die Gebete des Volkes erhört haben, denn die Ikener besiegten ihren Feind.

MÄCHTIGE TALISMANE

Viele keltische Legenden erzählen von Gegenständen mit magischen Kräften. Sie waren die Inspiration für einige der prächtigsten keltischen Kunstobjekte. Vielleicht dachte man, dass Schönheit selbst Teil des Übernatürlichen sei. Fein gearbeitete Talismane in unterschiedlichen Formen und Größen spielen in unzähligen Legenden von Gefahren und Abenteuern und vor allem von Ausflügen in die Anderswelt eine Rolle, wo man sie zu erlangen suchte. Allerdings mussten all jene Vorsicht walten lassen, die einen solchen Gegenstand fanden: In den meisten Fällen profitierten nur die Guten und Edlen von seiner Kraft, während er den Arglistigen und Verschlagenen Unglück brachte. Der Magier Merlin soll 13 Talismane besessen haben, die ihm Kraft gaben. Gedichte erzählen, woher diese Gegenstände kamen und welche Kräfte sie besaßen (siehe gegenüber).

Zu den bekanntesten Talismanen zählt das Schwer Excalibur, das nur vom rechtmäßigen König Britanniens aus dem Stein, in dem es steckt, gezogen werden kann. Dies gelingt dem von seiner Bestimmung ahnungslosen Arthus. Die Scheide des Schwertes verhindert, dass der Besitzer während einer Schlacht Blut verliert. Laut dem mittelalterlichen walisischen Buch *Der Traum des Rhonabwy* (siehe Seite 74–75) sind in das Heft von Excalibur zwei Schlangen eingraviert, aus deren Mäulern ein Feuerschwall zu quellen scheint, wenn man es aus der Scheide zieht.

Noch zu Beginn der Christenzeit hatten Talismane für die Kelten große Bedeutung. Dichter und Barden erzählen, wie heidnische Gegenstände plötzlich christliche Attribute erlangten. So trugen etwa viele keltische Heilige eine Eisenglocke, die nach dem Tod des Heiligen für gewöhnlich in einem reich verzierten Schrein aufbewahrt wurde. Die Glocke selbst repräsentierte die außergewöhnlichen Fähigkeiten des Heiligen, der sie trug, und konnte Leben oder Tod bringen. Sie konnte Krankheiten heilen oder sogar Tote zum Leben erwecken. Gelangte die Glocke aber in die falschen Hände, so konnte sie töten.

MERLINS SCHATZ

• • • • • • • • • • •

Diese 13 Talismane besaß Merlin:

White-hilt, das Schwert von Rydderch: Es entflammt vom Heft zur Spitze, wenn es von einem wohlgeborenen Mann gezogen wird.

Das Trinkhorn von Bran aus dem Norden: füllt sich nach Wunsch mit Getränken.

Der Kessel von Diwrnach, dem Riesen: kocht dem Feigling kein Fleisch.

Der Mantel von Padarn Rotmantel: passt nur einem wohlgeborenen Mann.

Der Umhang von Tegau mit der goldenen Brust: fällt in perfekten Falten zu Boden, wenn ihn eine treue Frau trägt.

Das Spiel von Gwyddbwyll: gehört Gwenddolau, dem Sohn des Ceidio (und ist ein Vorgänger des modernen Schachspiels). Wenn das Spiel aufgebaut ist, spielen die silbernen Figuren selbst auf dem goldenen Brett.

Der Korb von Gwyddno Garanhir: enthält unerschöpfliche Speisevorräte.

Der Stuhl von Morgan der Wohlhabenden: trägt einen Mann, der sich darauf setzt, zu jedem gewünschten Ziel.

Der Schleifstein von Tudwal Tudgyd: schärft das Schwert eines tapferen Mannes und macht das Schwert eines Feiglings stumpf.

Das Halfter von Cludno Eiddyn: schenkt einem Mann das Pferd, das er wünscht.

Das Messer von Llawfrodedd dem Knecht: dient zwei Dutzend Knechten an einem Tisch.

Der Teller von Rhygenydd dem Kleriker: serviert alle Speisen.

Eluneds Ring: Die Gräfin Eluned schenkte diesen Ring Owain ap Urian. Er macht den Träger unsichtbar.

FEENHÜGEL

Die Feenhügel sind die geheimnisvollsten Tore zur Anderswelt. Sie werden *sidh*-Hügel („Schi" ausgesprochen) genannt und sind Tumuli in der keltischen Landschaft. Hieraus entsteigen die Elfen, um gut aussehende Männer und Frauen in die Anderswelt zu entführen, wo Schmerz und Leiden unbekannt sind, immer Musik erklingt und Feste gefeiert werden. An mondhellen Nächten kann man im Freien sehen, wie sterbliche Gefangene mit den Feen tanzen oder auf Pferden reiten. Am Abend vor dem ersten Mai und zu Halloween sind die Elfen nach Einbruch der Dunkelheit allgegenwärtig und die Menschen können ihre Geliebten retten, wenn eine Feenprozession an einer Kreuzung vorüberzieht. Das ist auch möglich, wenn man den Kreis eines Feentanzes mit einem Eisenmesser durchbricht, so dass sich die Feen voller Angst zerstreuen. Allerdings muss die Rettung innerhalb eines Jahres und eines Tages nach der Entführung stattfinden, denn alle Menschen, die zu lange in der Feenwelt verweilten, zerfallen zu Staub, wenn sie wieder Menschenspeisen essen. Manche Menschen wurden durch die Entführung zu Dichtern, Propheten und Sehern, andere dagegen veränderten sich nicht.

Die Tumuli können auch die Wohnstätten keltischer Gottheiten sein. Dagda, der Gott der Druiden, lebt in Newgrange in Irland, Gwynn ap Nudd, der Herrscher über die Anderswelt, residiert bei Glastonbury Tor in Südengland. Diese Hügel sind auch die heiligen Tore, durch die die Verstorben in die Anderswelt eintreten. Der Geist der Toten verweilt eine gewisse Zeit in den Hügeln, um sich auf die Weiterreise vorzubereiten. An manchen Tagen (siehe Seite 34–39) können sich die Sterblichen, die Toten und die Götter frei zwischen den Welten bewegen.

Nur tapfere und gutherzige Menschen leben glücklich in der Anderswelt. Eines Tages fordert Fiachna mac Retach, der Herrscher eines *sidh*, einen menschlichen Krieger zum Kampf gegen einen Krieger aus der Anderswelt heraus. Loegaire besiegt Fiachnas Feind. Als Belohnung macht Fiachna Loegaire ebenfalls zum

Herrscher über den *sidh*. Loegaire heiratet Fiachnas Tochter Der Grein („weinende Sonne") als Symbol der Verbindung zwischen beiden Welten. Loegaire kann sich frei zwischen den Welten bewegen, doch muss er sich schlussendlich entscheiden, ob er in das Reich der Lebenden zurückkehren oder für immer bei den Feen bleiben möchte. Er wählt die Welt der *sidh* und besucht Irland ein letztes Mal. Als ihn sein Vater zum Bleiben überreden möchte, legt Loegaire in einem langen Gedicht dar, dass „eine Nacht in der Welt der *sidh* ein ganzes Königreich auf der Erde aufwiegt". Damit verabschiedet er sich für immer von den Lebenden.

DUNKLE NÄCHTE IM GRAB

Römische Autoren fragten sich, ob die keltischen Dichter bei den Gräbern ihrer berühmten Vorfahren schliefen. Bedd Taliesin, das Grab des berühmten walisischen Barden und Propheten, liegt über der Mündung des Dovey in Wales. Alle, die eine Nacht auf dem Grab Taliesins verbringen, erwachen des Morgens als Dichter oder Verrückte. Für die Kelten war die Dunkelheit die Quelle allen Wissens. Da die Dunkelheit eines Grabes noch die Dunkelheit der Nacht verstärkte, galt dieser Ort als besonders magisch.

REISE VON REICH ZU REICH

Der Weg des Menschen von Unwissen zu Weisheit oder von Rache zu Vergebung spiegelt sich in den Reisen der Helden wider, die zur Rache oder Rettung aufbrechen und schließlich die tief liegende Wahrheit in anderen Reichen finden. Dabei handelt es sich um Odysseen der Fantasie und zugleich um Reisen in das Selbst. In diesem Kapitel werden einige epische Suchen und Reisen zwischen den Welten beschrieben.

DIE SCHWELLE ZU MAGISCHEN REICHEN

Da Geister häufig das Reich der Lebenden betreten, müssen auch Menschen, um das Gleichgewicht der Natur zu halten, manchmal in die Anderswelt reisen. Die Lebenden haben viele Möglichkeiten, das Reich der Geister zu betreten. Einer der direktesten Wege führt über die Schwelle zwischen dem Land der Lebenden und dem Königreich der Seelen. Diese Tore finden sich sowohl im Zentrum als auch an den Rändern der keltischen Welt.

Der keltische Kosmos dreht sich um einen zentralen Punkt, an dem das Reich der Menschen und das übernatürliche Reich zusammentreffen. Julius Caesar schreibt, dass sich die Druiden an manchen Tagen des Jahres in Gallien an einem solchen Punkt trafen. Dabei handelte es sich vielleicht um einen heiligen Wald, also um einen der dunklen Orte, an denen die Druiden ihre Zeremonien abhielten, den Göttern Opfer darbrachten und Weissagungen machten. Oder es war ein offenes Feld wie die Ebene von Tara, in deren Mittelpunkt der magische Stein Fal steht, der laut aufschrie, wenn der rechtmäßige König auf ihn trat.

Die Vorstellung von einer zentralistischen kosmischen Ordnung spiegelt sich in der Tatsache wider, dass die vier irischen Provinzen Connaught, Leinster, Munster und Ulster um den Mittelpunkt Tara in der zentralen Provinz Meath angeordnet sind. So sitzen die Könige der vier Provinzen bei dem Fest von Tara vor und hinter dem Hochkönig sowie links und rechts von ihm. Sie geben ihm somit die Sicherheit, die ihm Irland und seine wunderbaren Krieger bieten.

Die Spannung zwischen dem Kosmos und dem Chaos wird in einer alten Form des Schachspiels reflektiert. Im Mittelpunkt der Ebene von Tara stehen der König und seine Mannen wie Schachfiguren. Um sie herum wüten feindliche Kräfte. Wie ein erfahrener Spieler durch Geschicklichkeit und Glück triumphieren

DIE WÄSCHERIN AN DER FURT

Vor einer Schlacht sieht man manchmal eine schöne Frau aus der Anderswelt, die an einer Flussmündung die Kleider der Krieger wäscht, die sterben werden. Eines Tages erblickte König Owain Gwynedd diese Wäscherin. Als seine Hunde furchtbar heulten, legte sie die Wäsche nieder und kam zu ihm. Sie erklärte, dass sie an der Furt waschen müsste, bis sie ein Kind von einem sterblichen König bekam. Der König erlöste sie von dem Fluch und nannte den Ort „Furt des Bellens".

kann, so können auch die Menschen ein gefährliches Treffen mit übernatürlichen Kräften überleben, wenn sie in ihre Fähigkeiten und ihr Schicksal vertrauen.

Das menschliche Reich trifft an Orten mit klaren topographischen Merkmalen auf die Anderswelt. Flüsse trennen die Reiche, während Seen und Gräben Ein- und Ausgänge bilden. Strukturen wie Mauern und Festungen können von übernatürlichen und menschlichen Angreifern gestürmt werden. Conn, der Hochkönig von Tara, patrouilliert täglich vor den Festungswällen seines Forts, um zu verhindern, dass die Feen des *sidh* eindringen und ihn überwältigen.

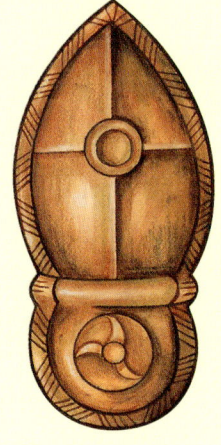

Durch ihre Liebe zum Schönen verwandelten die Kelten ihr Wissen häufig in Kunstwerke. Die vier Linien, die von der Mitte dieses Gegenstandes nach außen führen, stehen für die vier irischen Provinzen Connaught, Leinster, Munster und Ulster. Meath mit dem königlichen Hof

Tara liegt in der Mitte. Laut einer anderen Interpretation stellen die Linien die Feste des Hochkönigs dar, wo die unbedeutenderen Könige und Edelmänner im Norden, Süden, Osten und Westen des Hochkönigs saßen. Es ist unklar, wofür diese Objekte verwendet wurden.

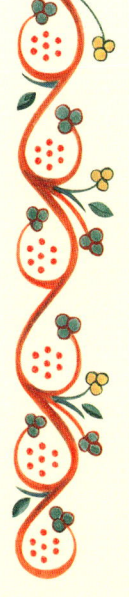

Die natürlichen und künstlichen Grenzen und Tore zwischen den Welten sind zu bestimmten Zeiten des Jahres offen (siehe Seite 34–39). Das Fest von Tara fand zu Samhain statt, als Aillen mac Midna, ein Kämpfer der Danann, aus der Anderswelt kam, um den Königsstuhl niederzubrennen. Neun Jahe hindurch hatte er jedes Jahr Tara in Schrecken versetzt, da er den Hof mit seiner magischen Musik in den Schlaf lullte und danach den Palast mit seinem feurigen Atem vernichtete. Schließlich bat der Hochkönig um Freiwillige, die Aillen herausfordern sollten. Der Held Finn mac Cumhaill bot an, die ganze Nacht über Wache zu stehen, wenn er einen Wunsch frei hätte. Der Hochkönig akzeptierte und Finn erhielt den magischen Speer, der es ihm ermöglichte, der einschäfernden Musik Stand zu halten und den Danann zu töten. Als Aillen kam, besiegte ihn Finn. Wie es sein Wunsch war, wurde er der Führer der Fianna, der Elitekrieger Irlands.

In den Nächten, in denen die Geister regieren, bleiben viele furchtsame Menschen zu Hause und verriegeln Türen und Tore, da sie den Kontakt mit dem Übernatürlichen und eine Entführung durch die Feen fürchten. Die Mutigeren nehmen aber die Möglichkeit wahr, in die Anderswelt einzudringen und von der Weisheit der Toten zu lernen. Dazu zählt Nera, ein Diener von Ailill von Connact. Andere Reisende gehen zur See (siehe Seite 68–71), um die legendären Inseln zu suchen, die im Westen liegen sollen.

NERA UND DER TOTE MANN

Im königlichen Hof von Cruachan nahm Nera am Abend von Samhain die Herausforderung des Königs an und näherte sich einem toten Mann, der an der Kreuzung hing. Der Tote bat Nera, ihm zu helfen, seinen Durst zu löschen. Als Toter konnte er nur Häuser betreten, in denen Feuer und Wasser frei zugänglich waren. Im ersten Haus war der Herd bedeckt. Im zweiten Haus waren die Wasserkrüge leer. Doch im dritten Haus war das Feuer offen und die Wasserkrüge waren gefüllt.

Hier konnte der Tote also trinken. Daraufhin erklärte er Nera, dass er die Anderswelt durch einen *sidh*-Hügel betreten sollte. Nach dieser guten Tat konnte Nera als Belohnung in die Zukunft blicken. Er erkannte, dass das Volk aus dem *sidh* Cruachan angreifen wollte. Bei seiner Rückkehr nach Hause trug er fremde Blumen als Beweis für seinen Ausflug in die Anderswelt mit sich. Er berichtete dem König, was bevorstand, und der Angriff wurde abgewendet.

DAS MAGISCHE
INSELREICH

Der Atlantik stellte sogar für furchtlose Reisende wie die Kelten eine große Herausforderung dar. Dennoch wagten sie sich in seetauglichen *curraghs* auf das offene Meer hinaus. Diese Boote bestanden aus einem Holzrahmen, der mit wasserfesten Häuten überzogen war. In der Literatur werden die Boote als *immram*, also „Ruderboote", bezeichnet. Einzelheiten von tatsächlichen Erkundungsfahrten sind mit fantastischen Erzählungen und Legenden von dem Leben nach dem Tod zu komplizierten Fabeln verwoben, die das Leben der irischen Kelten kennzeichnen.

Alle *immram*-Legenden sind ähnlich aufgebaut. Eine Gruppe von Männern bricht aus drei Gründen zu einer Seefahrt auf: Sie wollen die mystischen Inseln der Seligen finden, die zur Anderswelt gehören und „im Westen" liegen; die Reise ist eine Strafe, weil die Männer ein *geas*, also ein Verbot, gebrochen haben, dessen Fluch nur aufgehoben wird, wenn sie Aufgaben erfüllen; oder sie suchen, wie Maelduin, dessen Geschichte auf der nächsten Seite erzählt wird, Rache für ein Unrecht, das sie erlitten haben. Diese *immram*-Legenden bilden in der keltischen Mythologie einen eigenen Sagenzyklus. Die Reisenden erleben verschiedene Abenteuer, aus denen sie lernen. Jede Insel hat eigene Merkmale. Auf manchen Inseln ist es tödlich, die Früchte zu essen oder von den Quellen zu trinken, auf anderen erfährt man dadurch Heilung oder eine seltsame Verwandlung. Auf wieder anderen wiederholen die Bewohner immer wieder eine Handlung. Die Naturgesetze gelten nicht immer. So können Ungeheuer aus der Tiefe aufsteigen, das Meer kann gefrieren oder zu Leben erwachen, Fische können aus Flüssen aufsteigen oder Seen zu den Menschen sprechen.

Diese seltsamen Begegnungen überwiegen in der Legende von Maelduin. Der Held segelt mit Kriegern und seinen drei Stiefbrüdern von Irland los, um die Un-

Zwei Inseln, die Maelduin betrat

. . . .

Die Insel der Schwarzen und Weißen ist in der Mitte durch einen Zaun geteilt. Auf einer Seite grasen weiße Schafe, auf der anderen schwarze. Wenn der Schäfer ein Schaf auf die andere Seite bringt, ändert es seine Farbe: Die schwarzen werden weiß, die weißen schwarz. Diese Verwandlung zeigt, wie die Wirklichkeit in der Anderswelt übernatürlich wird. Zudem gleicht diese Vorstellung dem chinesischen Konzept von Yin und Yang (männliche/weibliche Dualität).

Auf der Insel des drehenden Tiers bewegen sich die Tiere schneller als die Gedanken. Sie drehen sich ständig um sich selbst und ändern dabei ihre Gestalt. Das ist ein Anklang an die Fähigkeit von Magiern wie Taliesin (siehe Seite 103) und von Schamanen vieler Kulturen, sich zu verwandeln. Den Kelten galt die Bewegung als höchste Wahrheit, da sie dem Leben Bedeutung verleiht. Wie ein griechischer Philosoph sagte: „Niemand badet zweimal im selben Fluss."

holde zu finden, die seinen Vater ermordet haben. Durch einen Sturm kommen die Reisenden von ihrer Route ab und landen auf den Inseln der Anderswelt. Als sie von Insel zu Insel rudern, erlernen sie die Kunst der Mäßigung, der Demut und der Vergebung (und verlieren dabei alle drei Brüder Maelduins). Nach vielen Jahren auf See beschließen sie schließlich, nach Irland zurückzukehren. Dabei erreichen sie die Insel, auf der die Mörder wohnen. Maelduin wird aber nicht mehr von Zorn geplagt. Er bietet den Unholden seine Freundschaft an, speist mit ihnen und erzählt ihnen von den Abenteuern, die er auf seiner Reise erlebt hat.

Wie andere *immram*-Legenden ist auch dieses Epos, um mit modernen Worten zu sprechen, eine Allegorie auf das persönliche Wachstum des Lesers und des Reisenden. Die Reisenden haben unzählige Möglichkeiten und treffen jedes Mal die

EINLADUNG INS PARADIES

. . . .

In der Legende *Das Werben um Etain* (14. Jahrhundert, Anonymus) lädt der Elfenfürst Midir seine Geliebte auf eine Insel in der Anderswelt ein.

„Das Haar gleicht blühend' Primeln hier;
die geschmeid'gen Körper weiß wie Schnee erstrahlen.
An diesem Ort ein andrer Menschenstamm verweilt,
mit leuchtend' Zähnen und dunklem Haar …
Berauschend ist das Ale von Inis Fáil;
viel berauschender noch das von Tír Már …
Warme, süße Ströme durchziehen das ganze Land,
frei kannst du wählen Met und Wein.
Ein feines Volk, gar makellos,
das ohne Sünd' noch Pein empfangen."

moralisch richtige Entscheidung. Wenn sie mit ihrer Wahl die strengen (doch geheimen) Regeln brechen, so beschwören sie Unheil herauf und verlieren Gefährten. So müssen die Männer, die die Insel der Lachenden oder die Insel der Weinenden betreten, für immer hier verweilen, wo sie den Bewohnern gleich werden. Dies gilt als Warnung vor allzu großer Leichtfertigkeit und vor starkem Selbstmitleid. Reisende, die ein Verbrechen begangen haben, werden von riesigen Vögeln entführt: Es ist unmöglich, den Folgen seiner Taten zu entkommen. Wer Schätze aus der Anderswelt stehlen möchte, wird von Riesenkatzen entführt. Diese kosmische (ja sogar karmische) Ironie gilt als Strafe für das Verbrechen. Allerdings erreichen alle, die die Fallen umschiffen, die schönste und vielfältigste Insel der Anderswelt, das Land der Seligen oder die Insel der Frauen, wo die Zeit still steht, immer Frühling ist und die Bewohner unsterblich sind.

Segelt man in unbekannte Gewässer, so liefert man sich dem Schicksal aus. Das Schicksal ist jedoch nie neutral, es umfasst immer eine moralische Dimension. Das Leben selbst ist eine Suche und nur wer bewusst und stetig nach der Wahrheit und nach Güte strebt, wird schlussendlich dafür belohnt werden.

Auf ihrer langen Fahrt auf den „Meeresströmen" erblicken der hl. Brendan (ein Mönch aus dem 6. Jahrhundert und Held von legendären Fahrten) und seine Gefährten eine Glassäule, die von einem Silbernetz umgeben ist und im Meer treibt. Die Säule und das Netz mögen Bilder für einen Nebel gewesen sein, der einen Eisberg umgab. Allerdings erzählt die Legende auch von einem Silberbecher, mit dem der hl. Brendan und seine Gefährten die Messe feierten.

Reise von Reich zu Reich

72

VISIONEN
UNSERER VORFAHREN

Die Kelten hatten vor der Vergangenheit und ihren Vorfahren große Achtung. Als der hl. Patrick die alten keltischen Legenden aufzeichnen wollte, kamen die beiden vorchristlichen irischen Helden Oisin und Cailte in die Welt der Lebenden zurück, um ihre Geschichten zu erzählen. In dem folgenden Ausschnitt aus einem Manuskript (12. Jahrhundert, Anonymus) gedenken die Helden der Insel Arran.

„Arran der vielen Hirsche, wo die See bis an die Schulter reicht;
Insel, die Kompanien ernährt, Klippen, wo blaue Speere sich röten.

Furchtloses Wild auf ihren Spitzen, milde Blaubeeren auf ihren Heiden,
kaltes Wasser in ihren Bächen, Nüsse auf ihren brauen Eichen.

Jagdhunde und Meuten, Brombeeren und Schlehen auf dunklem Busch;
dichte Dornbüsche in den Wäldern, Hirsche auf den Eichenhainen.

Purpur leuchten die Flechten auf den Felsen, saftig das Gras auf ihren Hängen,
ein Schleier birgt Felsspalten, Rehkitze frohlocken, Forellen springen.

Sanft wogen die Hügel, fett ist das Vieh, saftig die Felder, so glaub' es mir;
die Früchte der Haselnusssträucher auf langen Kähnen an ihr vorüberzieh'n.

Wunderbar ist die schöne Zeit; Forellen aalen sich an den Flussbänken;
und Möwen halten Zwiesprache auf den weißen Klippen;
wie wunderbar ist Arran doch zu jeder Zeit."

In diesem Auszug aus dem Manuskript *Der Traum des Rhonabwy* träumt der Krieger Rhonabwy, dass er die Helden der walisischen Mythologie sieht, die sich vor der Schlacht von Badon versammeln. Unter ihnen sind Elphin, der Schutzherr des Barden Taliesin, der historische König Owain ap Urien und Arthus selbst.

… Er [Rhonabwy] erblickte einen jungen Ritter mit lockigem Haar und frisch getrimmtem Bart, der auf einem gelben Pferde ritt … „Häuptling", sagte Rhonabwy, „könntet Ihr mir gütigst sagen, wer Ihr seid?" „Ich werde meinen Namen nicht verheimlichen", antwortete er, „ich bin Iddawg, der Sohn des Mynyo." … Und sie überquerten die weite Ebene von Argryngoeg bis zu der Furt des Cross on the Severn. … Als die Männer an den Fluss kamen, sahen sie König Arthus, der auf einer kleinen, flachen Insel unter der Furt saß. … Und dann standen Iddawg und seine Gefährten vor König Arthus und begrüßten ihn. „Möge Gott Dich reich beschenken, Iddawg", sagte Arthus. „Wo last Du diese Wichte auf?" „Mein Herr, ich traf sie weiter unten auf der Straße", antwortete er. Daraufhin lächelte Arthus gequält. „Was belustigt Euch, Eure Majestät?" fragte Iddawg. „Iddawg", antwortete Arthus, „es belustigt mich nicht, sondern macht mich traurig, dass die Insel von Britannien in den Händen von so armseligen Männern wie diesen liegt, die so viel schwächer sind als jene, die ich regierte." Darauf meinte Iddawg: „Rhonabwy, siehst du den Stein, der in dem Ring auf des Königs Finger glitzert?" „Natürlich", antwortete Rhonabwy. „Durch diese Stein wirst du dich daran erinnern, was heute war. Wenn du diesen Stein nicht gesehen hättest, würdest du nicht wissen, was passiert ist."

… Vor ihnen sahen sie einen Reiter, der sein Pferd antrieb, bis der Schweiß auf Arthus spritzte … Und als er den Kopf des Pferdes drehte, schlug der Junge,

der vor Arthus stand, dem Tier mit einem Schwert so fest in die Nüstern, dass es ein Wunder war, dass das Eisen nicht gebrochen war, ganz zu schweigen von dem Fleisch und dem Blut. …

„Iddawg", sagte Rhonabwy, „Wer war der Reiter eben?" „Er soll der fähigste und weiseste Junge im ganzen Königreich sein, Addauon, der Sohn des Taliesin", erwiderte Iddawg. „Und wer war der Mann, der sein Pferd schlug?" „Ein streitsüchtiger, ungeduldiger Junge, Elphin, der Sohn des Gwyddno", kam die Antwort. … Und dann sprach ein Mann von stattlicher Gestalt und beredter Zunge, welch ein Wunder es sei, dass ein so großer Mann an einem so kleinen Platz festsitzen könne. „Iddawg", rief Rhonabwy, „wer war der Mann, der so kühn zu Arthus sprach?" „Ein Mann, dessen Recht es war zu sprechen wie es ihm dünkte, sein vertrauter Berater und Vetter Caradawg Stout-Arm, der Sohn des Llyr Marini", antwortete Iddawg. „Und jene in der Gesellschaft mit den weißen Kleidern?" frage Rhonabwy. „Das sind die Männer Skandinaviens, die von Arthus' erstem Vetter March ap Meirchawn geführt werden", antwortete Iddawg. „Und jene in der Truppe, die schwarz gekleidet waren?" fragte Rhonabwy. „Die Männer von Dänemark unter der Führung von Edern, dem Sohn des Nudd", kam die Antwort. Daraufhin wurde Cador, der Herzog von Cornwall, gerufen. Er [Cador] stand stramm mit Arthus' Schwert in der Hand … Daraufhin ließ sich die Armee nieder … und der Herzog kehrte in sein Zelt zurück. „Iddawg", fragte Rhonabwy, „wer war der Mann, der Arthus sein Schwert brachte?" Iddawg antwortete: „Das war Cador, der Herzog von Cornwall, dessen Aufgabe es ist, den König für die Schlacht zu bewaffnen." Und Arthus setzte sich auf seinen Umhang, während Owain, der Sohn des Urien, vor ihm stand. „Owain", sagte Arthus, „beliebt es dir, *gwyddbwyll* [ein walisisches Brettspiel ähnlich dem Schach] zu spielen?" „Gerne, Eure Majestät", stimmte Owain zu. … Und sie begannen zu spielen.

WEISHEIT DES WASSERS

Das Wasser, über und unter dem so viele rätselhafte Reiche liegen, ist ein Spiegelbild für die Wahrheit, die allen Dingen zugrunde liegt. Es ist eine Art Schleier zwischen unserer Welt und den anderen Reichen, der manchmal klar, dann wieder trübe erscheint. Durch die magische Kraft des Wassers können wir die Weisheit der Anderswelt erfahren. Dabei kann es sich um tiefe Erkenntnisse über das Leben oder um einfache Entdeckungen handeln. Als der Dichter Neide mac Adhna eines Tages am Strand entlangging, hörte er ein Jammern. Er blieb stehen und die Wogen eröffneten ihm, dass sein Vater sterben würde.

Ozeane, Flüsse, Bäche und Seen gelten als weise, doch Brunnen und Quellen nehmen einen besonderen Platz in der keltischen Mythologie ein. Wasser, das wie von Zauberhand aus dem Boden schießt, kann besondere Verkündungen machen. In einer Legende verirrt sich der irische Held Cormac im Nebel. Als sich der Nebel lichtet, steht er neben einem Brunnen, in dem fünf Lachse die Haselnüsse essen, die von neun nahen Sträuchern fallen. Von dieser Quelle führen auch fünf Flüsse weg. Cormac erkennt, dass es sich um den Brunnen der Weisheit handelt (siehe Seite 79). Die Flüsse fließen in die fünf irischen Provinzen und stellen die fünf Sinne dar, die alles Wissen der Menschen ausmachen.

Diese hölzene Pilgerfigur aus dem 1. Jahrhundert n. Chr. ist eine Votivgabe, die beim Seine-Ursprung in Frankreich gefunden wurde. Diese Gabe brachte dem Spender Wohlstand, da sie an die Güte der Wassergötter appellierte. Der griechische Historiker Strabo erzählt, dass Unmengen von wertvollen Objekten in Seen geworfen wurden.

In einer anderen Erzählung erweckt eine Quelle Tote zum Leben, die von ihren Angehörigen Liebe, Ehre und Zuneigung erfahren haben. Als Gilla na Grakin, der magische Diener von Finn mac Cumhaill, getötet wird, segelt Gillas Gattin mit dem Leichnam über das Meer, um ihren Ehemann zu neuem Leben zu erwecken. Schließlich landet sie auf einer Insel, wo sie beobachtet, wie ein toter Vogel erwacht und sich in die Lüfte erhebt. Die Mühe der Frau wird belohnt, als sie eine magische Quelle findet. Als sie die Lippen ihres Ehemannes mit einigen Tropfen des Quellwassers benetzt, erwacht er vor ihren Augen wieder zu Leben.

DER BRUNNEN DER COVENTINA

In Carrawburgh am Hadrianswall liegen die Ruinen einer römisch-keltischen Stätte, die Coventina, der Göttin der Quelle, geweiht war. In der Darstellung gießt sie Wasser aus einem Krug. Wie wir heute Münzen in einen Brunnen werfen, so warfen Gläubige früher Votivgaben für Coventina wie Nadeln und Bilder hinein. Zudem fand man einen Totenkopf, der hinterlassen wurde, um der Seele eine sichere Reise in das neue Leben zu ermöglichen.

GEFÄSSE DER WAHRHEIT

Das Wasser gilt als Ursprung allen Lebens und als wichtige Quelle für die Weisheit und Wahrheit, die Dichtern, Königen, Druiden und Helden zugänglich ist. Deshalb wird auch Kesseln und Bechern als den Behältern für diese magische Flüssigkeit eine eigene spirituelle Kraft zugeschrieben. Dieser Symbolismus wird in der Legende vom Heiligen Gral noch durch die Assoziation mit Blut ergänzt. Grund dafür mag sein, dass die Kelten in Kesseln das Blut ihrer Opfer auffingen und ihr Fleisch kochten. Der Kessel wird auch mit Wiedergeburt und unerschöpflichen Gaben assoziiert: Der irische Gott Dagda besitzt neben seiner Keule einen Kessel, der unerschöpfliche Mengen an Speisen enthält.

Im Mittelalter schrieb ein walisischer Mönch ein Gedicht über einen Angriff auf die Anderswelt, bei dem er mit der Stimme des berühmten Propheten und Barden Taliesin spricht. Der Dichter vermischt die heidnische und christliche Symbolik des Gefäßes und beschreibt, wie Taliesin mit König Arthus und den alten walisischen Helden in dem Schiff *Pridwen* auszieht, um einen magischen Kessel aus der Anderswelt zu stehlen, der mit Juwelen und Perlen besetzt ist. Sie betreten eine fast

Es gibt eine offensichtliche Verbindung zwischen großen Kesseln und der Jagd. Der Kochtopf galt wie die Quelle als Ursprung des Lebens. Bei diesem Zeremonialobjekt aus Südösterreich (650 v. Chr.) steht ein Kessel im Mittelpunkt, der vielleicht zum Verbrennen von Weihrauch diente. Um ihn befindet sich eine Gruppe von Hirschen und Jägern. Das Objekt steht auf Rädern und fand vielleicht bei Jagdritualen Verwendung.

surreale Welt, in der Glastürme und Festungen auf den Inseln zu schweben scheinen. Schließlich erhalten sie den Kessel, doch zahlen sie einen hohen Preis. Nur sieben der Gefährten, die sich auf die Reise begaben, kehren nach Hause zurück.

Eine andere Legende beschreibt, wie König Cormac aus einem Kessel Weisheit und zwei wertvolle Geschenke aus der Anderswelt erlangt. Diese Erzählung zeigt, dass ein Kessel ein Bild der tiefen Wahrheit sein kann.

An einem Morgen im Mai nähert sich ein edler Krieger den Wällen von Tara. Er trägt einen silbernen Zweig mit drei goldenen Äpfeln, aus denen süße Musik erklingt, die Menschen beruhigen und in den Schlaf lullen kann. Der Besucher erzählt, dass er aus dem Land der Wahrheit stammt, wo es weder Krankheit noch Verfall noch Traurigkeit, Neid oder Hass gibt. Als Beweis seiner Freundschaft bietet er König Cormac den silbernen Zweig an, wenn er drei Wünsche frei hat.

Der König geht auf den Handel ein. Ein Jahr später kehrt der Krieger zurück, um sein Versprechen einzulösen. Erst verlangt er Cormacs Tochter, dann seinen Sohn. Cormac gewährt ihm diese Wünsche und nutzt die Macht des silbernen Zweigs, um die Traurigkeit am Hof über den Verlust der Königskinder zu mindern. Als der Krieger Cormacs Gemahlin fordert, willigt der König nur zögernd ein. Doch als der Krieger losreitet, folgt er ihm mit seinen Männern. Plötzlich senkt sich Nebel über die Reiter und Cormac findet sich neben einer ummauerten Festung wieder. Hier liegt auch der Brunnen der Weisheit (siehe Seite 76). Ein hübscher Fremder und seine schöne Begleiterin bieten Cormac einen Platz in der Festung an. Bald tritt ein Mann mit einem Schwein ein. Der Mann viertelt das Tier und wirft das Fleisch in den Kessel der Wahrheit. Der Mann, der Gastgeber und seine Begleiterin erzählen eine wahre Geschichte und ihr Fleisch kocht gar. Als Cormac die Geschichte vom Verschwinden seiner Familie erzählt, wird auch sein Fleisch gar. Allerdings weigert sich Cormac, ein ehrenhafter und rechtschaffener Mann, ohne seine Gefährten zu speisen. Der Gastgeber singt den König in den Schlaf und als er erwacht, stehen seine Familie und seine Gefährten vor ihm.

DIE REISE VON TADG

Die Legende von Tadg mac Cein kam im 14. Jahrhundert in Irland auf. Sie zeigt, wie ein Gefäß aus der Anderswelt (das Tadg als Belohnung für seine Ehrlichkeit bekam) die Stellung eines Helden als Herrscher über sein Reich (siehe Seite 17) festigen kann.

Als seine Frau und Brüder geraubt werden, rüstet er ein Schiff aus und bricht mit Kriegern zu ihrer Rettung auf. Die erste Insel, die sie erreichen, ist voll von schönen Vögeln. Als die Männer jedoch die Vogeleier essen, wachsen ihnen Federn. Zum Glück fallen die Federn rasch wieder ab. Die nächste Insel, die Tadg und seine Gefährten erreichen, wird von den Iren bewohnt, die früher gelebt haben – es ist die Anderswelt. Hier schenkt eine Frau dem Helden einen Becher und drei Singvögel (die ihn auf seiner Reise begleiten sollen). Der Becher ist auf zweierlei Weise bedeutend. Er wurde im Herzen eines Wals gefunden, dem magische Kräfte zugeschrieben werden, und Tadg erhält ihn von einer Frau aus der Anderswelt – ein Symbol für Herrschaft.

Unter der Leitung der Vögel und in der Überzeugung, ein guter Führer zu sein, befreit Tadg seine Frau und Brüder aus den Händen der Angreifer.

Später in jener Nacht bewundert der König den goldenen Becher seines Gastgebers. Dieser erzählt Cormac, dass der Becher bricht, wenn man drei Lügen erzählt, und wieder ganz wird, wenn man drei Wahrheiten spricht. Er erzählt drei Lügen und der Becher bricht. Dann versichert er Cormac, dass seine Frau und Tochter in seiner Abwesenheit unberührt geblieben seien und sein Sohn bei keiner Frau war. Zu Cormacs Verwunderung wird der Becher ganz. Der Mann stellt sich als Manannan mac Lir (siehe Seite 52) vor, als der geheimnisvolle Besucher, der Cormac den silbernen Zweig gab. Cormac steht plötzlich wieder mit Familie und Kriegern auf der Ebene von Tara und hält den Becher der Wahrheit in der Hand. Durch die zwei wertvollen Geschenke aus der Anderswelt, den silbernen Zweig und den Becher der Wahrheit, wird der König noch mächtiger.

DAS ANTLITZ DES SCHWANS

Die Anmut und Schönheit des Schwans mit seinem eleganten, langen Hals und den weichen, weißen Federn machen ihn zu einem Symbol für das Gute, Heilige und Reine. Da er über einen Fluss oder See gleiten, über Land watscheln oder durch die Lüfte fliegen kann, verbindet er die Anderswelt im Wasser mit den Reichen der Erde und der Luft. Die Schwäne der Anderswelt können sich nach Wunsch verwandeln und sind an der Gold- oder Silberkette zu erkennen, die sie um den Hals tragen (siehe gegenüberliegende Seite).

Wie so viele Bewohner der Anderswelt hat der Schwan eine dunkle Seite als Gegengewicht zu seinen positiven Aspekten. In der Legende der Kinder von Lir heiratet der verwitwete König Lir erneut, um seiner Tochter Fionuala und seinen drei Söhnen eine Mutter zu schenken. Die neue Königin ist jedoch eifersüchtig auf die Liebe des Königs zu seinen Kindern und verwandelt sie durch Hexerei in Schwäne. Die Schwanenkinder können weiterhin sprechen und singen und die Menschen kommen von weit und fern, um ihrem lieblichen Gesang zu lauschen und in ihrer Musik Trost zu finden.

Nach vielen traurigen Ereignissen treffen die unglücklichen Schwanenkinder schließlich einen Eremiten, der sie lehrt, Trost im Christentum zu finden. Ihr Leiden ist jedoch noch nicht völlig vorüber, denn ein böser König fängt und raubt die Schwäne. Nun fallen die Federn ab und vier alte, verschrumpelte Wesen kommen zum Vorschein. Die Kinder erkennen, dass sie sterben werden, und bitten, gemeinsam begraben zu werden. Der freundliche Eeremit gewährt ihnen den Wunsch. So finden sie schließlich Frieden und können in den Himmel aufsteigen.

In der Sage von Lohengrin, dem Sohn des Parsifal, taucht der Knabe in einem Boot auf, das aus der Anderswelt kommt und von einem schönen weißen Schwan gezogen wird. Lohengrin wird häufig im Gedenken an seine übernatürlichen Anfänge mit weißen Kleidern (die Schwanenfedern gleichen) dargestellt.

DER TRAUM DES OENGUS MAC OG

Oengus ist der Sohn von Dagda und der Königin Boinn. Ein Jahr lang verzehrt er sich nach einer schönen Frau, die ihn jede Nacht in seinen Träumen heimsucht. Seine Eltern können ihm bei der Suche nicht helfen, doch befragen sie schließlich König Bodb, der für sein magisches Wissen berühmt ist. Bodb führt Oengus an einen See, wo 150 Schwäne mit Silberketten schwimmen. Bodb erzählt Oengus, dass sich die Schwäne jedes zweite Jahr in Frauen verwandeln können. Die Verwandlung findet zu Samhain statt. Oengus erfährt, dass seine Geliebte für immer bei ihm bleibt, wenn er sie unter den Schwänen erkennt. Zu Samhain kehrt Oengus an den See zurück, um seine Geliebte zu finden. Er wählt den einzigen Schwan mit Goldkette. Es ist Ibormeith, die ihm im Traum erschienen war. Überglücklich, einander gefunden zu haben, umarmen sie sich und verwandeln sich beide in Schwäne. Durch die Goldkette verbunden fliegen sie davon.

SCHICKSAL UND VORSEHUNG

Wie wissen wir, was das Schicksal für uns bereithält? Die Antwort kennen Druiden, Propheten oder Dichter. Die Druiden beeindruckten die Römer mit ihrer Fähigkeit, die Zukunft aus dem Flug der Vögel, den Mondphasen oder dem Lauf der Sterne abzulesen. Seherinnen sagten dagegen den Ausgang der Schlachten und das Schicksal der Helden vorher. Und jeder König beschäftigte einen prophetischen Dichter.

UNSER GESTERN
IST UNSER MORGEN

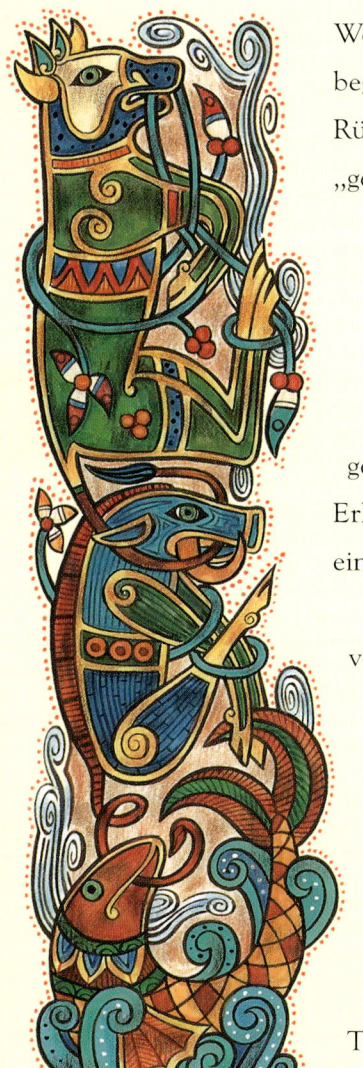

Wer die Zukunft vorhersagen möchte, muss die Vergangenheit kennen. Deshalb begannen die keltischen Seher und Propheten ihre Weissagungen mit einem Rückblick in die Vergangenheit. Durch ihre Erfahrung und ihr Wissen haben sie „genaue Kenntnis des guten Volkes", die sie für ihre Weissagungen heranziehen.

Diese begnadeten Menschen verewigen ihre Erfahrungen in einer Litanei über vergangene Leben, die ihnen Autorität verleiht. Häufig verwandelten sie sich in Tiere, Pflanzen oder Naturerscheinungen wie den Wind oder Regen, um historische Ereignisse zu beobachten. Je unterschiedlicher ihre Verwandlungen waren, desto mehr Wissen konnten sie sammeln und weitergeben. Amairgen, der Seher der Tuatha de Danann, erinnert sich an seine Erlebnisse als Lachs, Stier und Eber, als Wind und Welle. Tuan MacCairhill, einer der ersten Eroberer Irlands, war Hirsch, Eber und Adler.

Manchmal sind die Perioden, die die Seher als Tier oder Naturerscheinung verbrachten, von Erlebnissen als unbelebtes Objekt unterbrochen. Nachdem der Knabe Gwion die Form eines Weizenkorns angenommen hatte, wurde er von der Hexe Ceridwen geschluckt, die sich ihrerseits in eine Henne verwandelt hatte. Er wurde als der Barde Taliesin (siehe Seite 102–103) wiedergeboren. Eine Liste der früheren Leben des Dichters enthält das *Buch des Taliesin*: „Das zweite Mal, als ich erschaffen, / als blauer Lachs ward ich geboren. / Ich war ein Hund, ich war ein Hirsch; / Ich war ein Rehbock auf der Höh', / Eine Kiste war ich und ein Spaten; / Ich war ein Trinkhorn in der Hand; / Feuerzange war ich für ein Jahr; / Als weiß gefleckter Hahn inmitten der Hennen von Eiden stolzierte ich, / Ich war ein Zuchthengst; / Ich war ein wilder Stier; / Ich war ein Korn, das an einem

Berghang wuchs. / ... Die rotklauige Henne mit dem Kamm, sie schluckte mich. / Neun Nächte lang war ich ein kleines Wesen in ihrem Leib; / Ich reifte dort / Ein Bündel war ich, bevor ich als Prinz geboren. / Erst war ich tot, dann lebte ich."

Die älteren Propheten verbrachten lange Zeit in der Natur. So lebt etwa der große Magier Merlin aus der Arthussage viele Jahre lang unter Apfelbäumen und spricht mit einem kleinen Schwein. Die Annahme, dass die Tiere selbst in die Zukunft blicken können, rührt aus dem Glauben an die Weisheit der Natur. Lachs und Forelle werden berühmte Prophezeiungen zugeschrieben. Die Tiere, die in der Schattenwelt unter dem Wasser leben, reifen zu ehrwürdigen Weisen. Ihre Prophezeiungen werden noch besser, wenn sie die Veränderungen der Welt um sich herum mit immer größerem Wissen betrachten. Wie bei den Menschen erhöht sich auch die Weisheit der Tiere durch die Erfahrungen, die das Leben birgt.

Die Waliser scharten sich unter dem Banner des roten Drachen, einem alten walisischen Herrschaftssymbol, um Henry Tudor. Nach der Schlacht von Bosworth (1485) ersetzte die Rose das alte Motiv. Prophezeiungen waren noch im Mittelalter bekannt, wenn auch verboten. Als ein Spion berichtete, dass die Waliser noch immer an die Weissagungen der Alten glaubten, stieß der kluge Dichter „Ambrosio Taliesino" (lateinisch für Merlin und Taliesin) die Gesetze um. Er meinte, Taliesins Weissagung, dass Britannien wieder durch walisische Könige regiert würde, hätte sich durch das Haus Tudor erfüllt: ... „da alle Prophezeiungen wahr wurden, kann man dies frei schreiben. Wenn es einen Fehler gibt, möge man dem alten Dichter verzeihen."

THOMAS DER REIMESCHMIED

· · · · · · · · · · ·

Zu den berühmtesten schottischen Propheten zählt Thomas von Ercledoune oder Thomas der Reimeschmied aus dem 13. Jahrhundert. Eine Legende erzählt, dass er die Anderswelt in Begleitung einer verliebten Feenkönigin besuchte, die seine Zuneigung mit der Gabe der Weissagung belohnte. In einer anderen Version der Erzählung besitzt Thomas die Gabe der Prophezeiung schon von Geburt an.

Thomas' Mutter stirbt vor seiner Geburt. Als der trauernde Ehemann eines Nachts das Grab besucht, findet er hier ein Baby vor, das halb aus der Erde ragt. Er nennt dieses Kind Thomas und zieht es wie sein eigenes auf. Als Thomas älter ist, kehrt er an das Grab seiner Mutter zurück. Hier findet er ein Buch der Prophezeiungen, das auf ebenso geheimnisvolle Weise hierher gelangt war wie er als Baby.

Die Achtung der Kelten vor dem Alter zeigt sich deutlich in der Legende der Ältesten Tiere, die von der Suche nach Mabon, dem Sohn des Modron, erzählt. Gwrhyr, der die Sprache der Tiere spricht, sucht mit seinen Gefährten nach Mabon. Erst wendet er sich an die Amsel von Cilgwri. „Sieh dir den Amboss an", meint der Vogel. „Seit ich ein junger Vogel bin, habe ich meinen Schnabel daran gewetzt. Nun ist er so klein wie eine Nuss. Nein, ich weiß nicht, wo der Gefangene ist, doch mein alter Freund, der Hirsch von Rhedynfre, kann dir vielleicht helfen."

Sie wenden sich an den Hirsch und stellen dieselbe Frage. Der Hirsch verneint: „Als ich das erste Mal hierher kam, war dieser Eichenstumpf ein junger Baum. Er wuchs, doch nun ist er wieder ein Stumpf. Ich weiß nichts, doch werde ich dich zu dem Tier bringen, das Gott vor mir machte." Sie treffen die Eule von Cwm Cawlwyd, die aber auch nicht helfen kann. „Meine Schwingen sind nur noch Stümpfe und das Tal wurde viele Male verwüstet. Ich werde dich aber zu dem ältesten Lebewesen führen, vielleicht kann es helfen." Die Eule bringt sie zu dem Adler von Gwenabwy, der auf einem kleinen Stein hockt. Als die Eule ihn fragt, ob er den Aufenthaltsort von Mabon kenne, meint der alte Adler: „Dieser Stein war einst ein Fels und nun ist er verwittert. Ich weiß nichts über den Mann, den ihr sucht. Einst jagte ich in Llyn Llyw und grub meine Klauen in einen großen Lachs, der mich in den See hinab zog. Wir waren Feinde, bis er mich bat, ihm 50 Fischhaken aus dem Rücken zu ziehen. Wenn er nichts weiß, dann niemand."

Der Adler führt die Männer zu dem Lachs von Llyn Llyw, der seinen großen Kopf aus dem Wasser streckt und meint: „Wo der Fluss die Mauer von Caer Loyw auswäscht, kann ich hören, wie ein Gefangener in großer Qual stöhnt. Ich werde euch auf meinem Rücken hinbringen." Die Männer reiten zu dem Gefängnis von Caer Loyw, wo Gwyhyr ruft: „Wer jammert?" „Ich bin Mabon, der Sohn des Modron", kommt die Antwort. Die Krieger befreien ihn und werden vom Lachs wieder dorthin zurückgebracht, woher sie gekommen sind. So wird Mabon durch die Tapferkeit der Krieger und die Weisheit der ältesten Tiere gerettet.

DIE WEISHEIT
DES LACHSES

Auf ihrem Weg flussaufwärts zu den Laichgründen springen die Lachse hoch auf rauschende Wasserfälle und kämpfen gegen Strömung und Zeit. Deshalb sind sie besonders mysteriöse, wertvolle und resolute Wesen und hervorragende Boten zwischen den Welten. Sie verkörpern die Weisheit. Alte Lachse, deren Rücken von den Angelhaken vergeblicher Fangversuche vernarbt sind, sprechen zu walisischen und irischen Helden und erteilen ihnen Ratschläge. Diejenigen, die es verdienen, erlangten durch den Genuss von Lachsfleisch die Gabe der Prophezeiung. Die Lachse schwimmen in den Flüssen und Brunnen der Anderswelt und essen die Haselnüsse, die von den Bäumen der Weisheit herabfallen. Manchmal geben sie in der menschlichen Welt Prophezeiungen über die „Art der zukünfigen Welt" ab.

Wie der Lachs die Wirklichkeit und die Anderswelt verbindet, zeigt die Legende von einem Wunder, das der hl. Asaph vollbrachte. Seine Schwester war

die Gattin von Maelgwn Gwynedda, einem mächtigen walisischen König, dessen Jähzorn berüchtigt war. Als die Königin eines Tages den Ehering verlor, bezichtigte ihr wütender Ehemann sie sofort der Untreue. Verstört bat die Königin ihren Bruder Asaph um Hilfe. Der Heilige beschwor Maelgwn, einen Lachs zu öffnen, den er an diesem Morgen gefangen hatte. Und natürlich fand der König in dem Bauch des Fisches den schimmernden Ehering seiner Gattin. Der König erkannte demütig die Macht des Heiligen und die Treue seiner Frau an.

Die bekannteste Lachs-Legende erzählt von dem Barden Finn Ecs, der die Gaben des Fisches erlangen möchte, und von Finn mac Cumhaill (siehe unten).

FINN MAC CUMHAILL

Finn Ecs bittet den jungen Finn mac Cumhaill auf einen Fisch zu schauen, der auf dem Feuer brutzelt. Finn Ecs möchte die Gabe der Weisheit erlangen, indem er den Lachs verspeist. Der Knabe wird unaufmerksam und der Fisch verbrennt. Als er ihn berührt, verbrennt er sich den Daumen, den er in den Mund steckt und so die Gabe der Vorsehung erlangt. Bei seiner Rückkehr erkennt Finn Ecs, dass der Knabe auserwählt wurde. Wenn Finn den Daumen in den Mund steckt, kann er in die Zukunft blicken.

DAS GEHEIMNIS
DES KOPFES

Für die Kelten ruht die Grundlage des körperlichen und spirituellen Seins im Kopf. Deshalb sind Köpfe in den Boden geritzt oder als Dekoration auf Säulen, Münzen, Kesseln und Altären zu finden. Der Kopf beschützt und ist somit ein Talisman gegen das Böse. Er ist auch ein Symbol des Göttlichen und erinnert daran, dass das Leben nach dem Tod weitergeht. Die klassischen Autoren behaupten, dass die Kelten die Köpfe ihrer Feinde als Trophäen mit in den Kampf nahmen, sie in Tempeln aufhängten oder aus den Totenköpfen tranken. In der keltischen Literatur findet man jedoch ein freundlicheres Bild dieser Tradition.

Die Legende des jungen Kriegers Donn Bo, der in ganz Irland für seine schöne Stimme gerühmt wird, erzählt, dass der Kopf noch lange nach dem Tod des Körpers weiterlebt. Donn Bo verspricht seinem Herrn Fergal, dass er bei der Siegesfeier nach der bevorstehenden Schlacht singen wird. Leider versterben Herr und Sänger in dem Kampf und ihre enthaupteten Körper beiben auf dem Schlachtfeld zurück. In der Nacht nach dem Kampf wandert einer der siegreichen

Viele keltische Legenden erzählen von abgehackten Köpfen, die Schutz bieten. So werden die Gefährten von Bendigeidfran mab Llyr von dessen Kopf auf ihren Reisen begleitet. Die Männer können gefahrlos an Festen der Anderswelt teilnehmen, die viele Jahre dauern. Danach begraben sie den Kopf, wie es Bendigeidfran wünschte. Er schützt nun vor Krankheiten, die nicht ausbrechen, solange er unter der Erde weilt.

Soldaten zwischen den Körpern umher auf der Suche nach einem Kopf, den er seinem Herrn zur Siegesfeier mitbringen kann. Plötzlich hört er im Dunkeln eine wunderbare Melodie. Er findet den Kopf von Donn Bo, der für seinen toten Herrn singt. Der Soldat nimmt den Kopf mit in die Halle und stellt ihn auf eine Säule mitten unter den Festgästen. Als der siegreiche Herrscher hört, wie der Krieger den Kopf fand, bittet er ihn, so für ihn zu singen, wie er für Fergal sang. Der Kopf wendet sich daraufhin von den Lebenden ab und starrt in die Dunkelheit. Sein Lied ist so süß und traurig, dass alle zu weinen beginnen.

DAS MITLEID DES HL. MELLOR

Der hl. Mellor ist ein Heiler und Schutzpatron der Brunnen in der Bretagne und in Cornwall. Nach seinem Märtyrertod steckte man Mellors Kopf auf seinen eigenen Bischofsstab, um ihn dem König zu zeigen. Als der Mörder auf dem Weg hungrig und durstig wurde, erfasste den sanften, barmherzigen Heiligen das Mitleid. Er befahl dem Mann, den Stab in die Erde zu stecken, wo er Wurzeln schlug und zu einem Baum wurde, unter dem der Mörder rasten konnte. Dann entsprang eine klare, heilende Quelle, die den Durst des Mannes löschte.

VÖGEL DER ZERSTÖRUNG

Kriegsgöttinnen verwandeln sich in Vögel, kreisen kreischend über Schlachtfeldern und lassen sich auf den Schultern derer nieder, die sterben werden. Nach der Schlacht picken Krähen, Raben und Adler die Toten. In diesem Ausschnitt aus dem *Canu Heledd* wendet sich die Prinzessin Heledd an die Adler, die sich an ihrem Bruder König Cynddylan und seinen Kriegern laben.

„Grauköpfiger Adler von Pengwern,
heut' kreischt er aus der Höh',
nach dem Fleisch dessen dürstet ihn, den ich geliebt.

Grauköpfiger Adler von Pengwern,
heut' schreit er von der Höh',
nach Cynddylans Fleisch dürstet ihn.

Grauköpfiger Adler von Pengwern,
heut' streckt er seine Klauen weit
nach dem Fleisch dessen dürstet ihn, den ich geliebt.

Adler von Pengwern, von weit ruft er heut',
um das Blut der Männer zu erspäh'n.
Trenn wird die unglückliche Stadt heißen.

Adler von Pengwern, von weit ruft er heut',
nach dem Blut der Männer verlangt es ihm.
Trenn wird die blutbefleckte Stadt heißen.“

HÜTER
DER
SEELE

In einer Gesellschaft, die an andere Welten und eine übernatürliche Dimension glaubt, wird den Menschen, die zwischen diesen Welten vermitteln können, große Bedeutung zugemessen. Deshalb sind Seher, Druiden und Barden so hoch angesehen. Mit dem Christentum kamen zu dieser Gruppe noch die Heiligen hinzu. Viele heidnische Figuren wurden mit einem neuen Namen und christlichen Gaben versehen.

DIE WEISHEIT
DER DRUIDEN

Nicht nur die Barden und Seher, auch die Druiden wachen bei den Kelten über die Weisheit. Der römische Autor Diodorus Siculus beschreibt genau, wie sie ihr Wissen erlangen. Seiner Meinung nach bedeutet Druide „der sehr Wissende". Das Wissen der Druiden heißt *fis* oder „geheimes Wissen" oder auch *im fiss*, „vollständiges geheimes Wissen".

Diodorus Siculus erklärt, dass ein Druide das Ritual *imbas forosnai*, „Wissen der Erleuchtung", durchführen muss, um seine Weisheit einsetzen zu können. Dabei kaut er ein kleines Stück Fleisch von einem heiligen Tier wie einem Schwein oder Pferd, das speziell für diese Zeremonie zubereitet wurde. Danach legt er es auf eine Steinplatte hinter seinem Haus, spricht eine Zauberformel und bietet es den Göttern dar. Das nötige Wissen erhält er in einem Traum der Erleuchtung. Wenn er nicht sofort träumt, spricht er die Zauberformel in seine Handflächen. Danach schläft er mit den Händen an die Wangen gepresst, um die Kraft der magischen

Die Druiden sagten die Zukunft mit Omen und Tieropfern voraus. Sie konnten aufgrund der Flugformationen der Vögel Prophezeiungen aufstellen und zukünftige Ereignisse sehen, wenn sie die Knochen von Tieren wie Hunden und Katzen aufbrachen und das Knochenmark kauten. Wenn sie eine Zauberformel sprachen und mit den Fingern trommelten, so konnten sie das Schicksal der Person vorhersagen, die sie danach berührten.

Worte zu verstärken. Seine Gefährten achten darauf, dass niemand seinen trance-ähnlichen Zustand stört. Wenn er erwacht, besitzt er das Wissen, das er suchte.

Divitiacus zählt zu den wenigen Druiden, die in der klassischen Literatur dem Namen nach genannt werden. Julius Caesar lobte die Staatskunst des Führers des gallisch-keltischen Stammes der Aeduer und beschrieb ihn als edelmütig. Divitiacus war ein Freund des römischen Philosophen Cicero, der uns berichtet, dass der Druide in der griechischen Wissenschaft *physiologia*, dem Wissen um die Natur, bewandert war und die Ereignisse durch Omen vorhersagen konnte (siehe gegenüberliegende Seite).

PLINIUS ÜBER DIE DRUIDEN

Plinius berichtet, wie wichtig den Kelten die Eiche war. Darauf baut er auch seine Erklärung des Wortes „Druide" auf: „Den Druiden, wie die Magier genannt werden, sind vor allem der Mistelzweig und der Baum heilig, der die Misteln trägt. Das ist meist eine Eiche. So wählen sie Lichtungen in Eichenwäldern wegen dieses Baumes aus und sie führen ihre Rituale nur durch, wenn sie einen Eichenzweig besitzen. Deshalb ist es möglich, dass die Priester selbst ihren Namen von dem griechischen Wort für diesen Baum ableiten. Tatsächlich glauben sie, dass alles, was auf einer Eiche wächst, vom Himmel gesandt wurde und dass Gott selbst diesen Baum auserwählt hat."

CATHBAD

· · · · · · · · · · · ·

Cathbad, der Oberdruide des Königs Conchobar von Ulster, ist ein weiser und umsichtiger Berater. Nur er darf sprechen, bevor der König das Wort ergreift. Cathbad lehrt zudem die Söhne der Krieger von Ulster. Er kann Prophezeiungen erstellen und somit etwa vorhersagen, wann sein berühmtester Schüler, der künftige Held Cu Chulainn, zu den Waffen greifen soll. Doch trotz seiner Ta-

lente kann Cathbad nicht über sein Schicksal bestimmen. Er prophezeit bei Deidres Geburt (siehe Seite 16), dass das schöne Kind der Untergang des Königs sein wird. Conchobar beherzigt jedoch nicht, was der Druide ihm rät, und muss bitter bezahlen. Cathbad versucht auch erfolglos, Cu Chulainn eine Verschwörung verhindern zu helfen, die von feindlichen Magiern ausgeheckt wurde.

Die herausragende Stellung der Druiden kann schreckliche Folgen für alle zeitigen, die ihnen respektlos begegnen, wie Cathbad, der Oberdruide von König Conchobar (siehe Seite 100) beweist. Am Vorabend einer Schlacht spricht einer der Krieger des Königs eine Warnung aus, bevor Cathbad das Wort ergreifen kann. Diese Missachtung des Vortrittsrechtes eines Druiden wiegt so schwer, dass sich das Pferd unter dem Mann aufbäumt und er die Herrschaft über seine Waffen verliert. Sein Schild fällt ihm aus der Hand und köpft ihn.

Der griechische Schriftsteller Strabo berichtet: „Die Druiden sagen, dass die Seele der Menschen ebenso unzerstörbar ist wie das Universum, auch wenn es zeitweilig von Feuer und Wasser verwüstet wird." Die Druiden haben eine besondere Beziehung zu Wasser. Sie können Flüsse und Seen austrocknen lassen und ihren Feinden Stürme schicken. Wie sehr sie diese beiden Elemente beherrschen, zeigt die Legende des Druiden Figol, der Feuer und Wasser mischte. Als die Tuatha de Danann sich auf den Kampf gegen die dämonischen Formoire vorbereiten, verspricht Figol, dreimal feurigen Regen auf den Feind fallen zu lassen.

In einer anderen Erzählung wird der Druide Dallan, „der Blinde", gebeten, mit Hilfe seiner übernatürlichen Fähigkeiten eine abgängige Frau zu suchen. Er fertigt vier Stöcke aus Eibenholz an, in die er Ogham-Zeichen schnitzt. Seine magische Kraft wird durch diese Objekte verstärkt und der blinde Druide sieht vor seinem inneren Auge, dass eine Frau in einem *sidh*-Hügel gefangen gehalten wird.

Während alle Oberdruiden Ereignisse über den Herrscher und sein Königreich vorhersagen, hat Beac mac De, der Druide am Hofe des Hochkönigs Diarmid mac Cearrbheoil, andere erstaunliche Fähigkeiten. Er prophezeit, welche Kräfte irische Heilige wie Brendan, Ciaran und Columba haben werden. Beac wird dafür vor seinem Tode belohnt, als er den hl. Columba trifft, der dem Druiden die christlichen Sakramente spendet. Diese Verbindung zwischen heidnischen und christlichen Heiligen zeigt, wie stark die Kelten alte heidnische Traditionen in das Christentum einfließen ließen.

ZAUBERWETTBEWERBE

Nur die größten Magier haben die Fähigkeit sich zu verwandeln, also nach Belieben die Form einer anderen Person, eines Tieres oder sogar eines Gegenstandes anzunehmen. Diese Fähigkeit wird oft ausgereizt, wenn zwei Magier ihre übernatürlichen Kräfte aneinander messen. Dies erzählen viele keltische Legenden. Der berühmteste Wettstreit fand zwischen der Hexe Ceridwen und einem Knaben statt, der durch Zufall magische Kräfte erlangte.

Ceridwen hat einen hässlichen Sohn, Avagddu, dessen Name „Dunkelheit" bedeutet. Als Entschädigung für sein Aussehen möchte sie ihm die Gabe der Prophezeiung schenken. Dafür mixt sie besondere Kräuter in einem dampfenden Kessel und befiehlt dem kleinen Knaben Gwion Bach, darauf aufzupassen. Als die Mischung zu kochen beginnt, spritzen drei Tropfen aus dem Kessel und Gwion schluckt sie. Schließlich bricht der Kessel, dessen Inhalt sich in den Fluss ergießt und die Pferde des Königs vergiftet, die daraus trinken. Gwion erkennt, dass ihm nun tödliche Gefahr von Ceridwen droht und flieht. Er verwandelt sich in einen

Fisch und taucht in den Fluss, doch die Hexe nimmt die Form einer Otter an und verfolgt ihn. Gwion wird zu einem Hasen, doch Ceridwen verwandelt sich in einen Windhund und jagt ihn. Nun wird er zu einem Vogel. Schließlich verwandelt sich der junge Magier in ein Weizenkorn, woraufhin Ceridwen als schwarze Henne das Korn schluckt. Neun Monate später gebiert die Henne ein Kind, das so schön ist, dass sie es nicht töten kann (siehe Seite 86–87). Stattdessen steckt sie das Kind in einen Sack und wirft es in den Fluss. Als ein Prinz das Kind findet, beklagt er, dass er keinen Fisch gefangen hat. Doch dann enthüllt das Kind seine wahre Identität: Es ist Taliesin, der zu dem berühmtesten Barden werden sollte (siehe Seite 11).

DER BRETONISCHE KNABE UND DER MAGIER

Sogar der mächtigste Magier ist nicht davor gefeit, überlistet zu werden. Dies geschieht, als ein junger Bretone Merlin hinters Licht führt. Eine Prinzessin verliebt sich in einen jungen Magier, den sie auch gegen den Willen ihres Vaters heiraten möchte. Der König befiehlt dem jungen Mann, Merlins Ring und Harfe zu stehlen, um so seinen Zorn zu erregen und die Hochzeit zu verhindern.

Der Knabe sucht sieben Tage lang in den Wäldern, bis er einen Ast findet, der 30 goldene Blätter trägt. Damit lullt er Merlin in den Schlaf und stiehlt ihm den Ring und die Harfe. Als Merlin wieder erwacht, macht er sich auf den Weg zu dem Hof, um dem jungen bretonischen Magier dazu zu gratulieren, dass er ihn überlistet habe und seine Gabe anzuerkennen.

DIE FESTUNG DER LIEBE

Der walisische Held Macsen Wledig, der auf dem römischen Imperator Maxentius zurückgeht, hat die Gabe der Vorahnung. In dieser Legende aus dem *Roten Buch von Hergest* wird berichtet, wie Macsen von seiner Reise zu einer großen Festung träumt, wo er die schöne Elen trifft, die später seine Gemahlin werden soll. Sie treffen sich unter genau den Umständen, die er geträumt hat.

In dem Traum, den er [Macsen] sah, reiste er einem Fluss bis zur Quelle nach. Hier erblickte er den höchsten Berg der Welt. Es schien ihm, dass der Berg bis zum Himmel reichte. Als er über den Berg gestiegen war, befand er sich in der lieblichsten, flachsten Landschaft, die er je gesehen hatte. Große Flüsse strömten von dem Berg zum Meer und er folgte ihren Ufern bis zur Mündung.

Nach einer langen Reise gelangte er zu dem größten Hafen, den er je gesehen hatte. Er erblickte eine große Stadt an der Flussmündung, in der ein großes Schloss mit vielen bunten Türmen stand. Und die Flotte war die größte, die er je erspäht hatte. Ein Schiff war größer und schöner als alle anderen. Über der Wasseroberfläche erstrahlten silberne und goldene Planken. Eine Elfenbeinbrücke verband das Schiff mit dem Land und in seinem Traum konnte er sehen, wie er auf das Schiff stieg. Daraufhin wurde ein Segel gehisst und das Schiff segelte über das Meer.

Schließlich erreichte das Schiff die schönste Insel der Welt. Als er eine Seite der Insel vom Meer aus erforschte und quer durch die Insel zur anderen Seite

wanderte, konnte er Täler, Klippen, schroffe Felsen und ein hartes, rauhes Land sehen, wie er es noch nie erblickt hatte. Vor der Insel erspähte er noch ein hartes, rauhes Land. Zwischen ihm und dieser Insel lag ein Land, dessen Ebenen so weit waren wie das Meer, und dessen Gebirge in seiner ganzen Länge von Wäldern bedeckt war. Ein Fluss strömte von diesem Gebirge zum Meer und an der Mündung lag eine große Festung, die größer war als alle, die er kannte. Da das Tor offen war, trat er ein.

In der Festung erblickte er eine prächtige Halle. Er schien ihm, als ob das Dach und die Türen aus Gold und die Wände aus Edelsteinen gefertigt wären. In der Halle sah er goldene Bänke und silberne Tische. Auf der Bank vor ihm spielten zwei braunhaarige junge Männer *gwyddbwyll* [eine Art walisisches Schachspiel]. Das Spielbrett war aus Silber, die Steine aus Gold. Die jungen Männer waren in reichen schwarzen Brokat gekleidet. Ihr Haar war mit rotgoldenen Diademen geschmückt, in die ... Edelsteine, Rubine und prächtige Steine eingelassen waren. An den Füßen trugen sie neue Lederschuhe mit rotgoldenen Schnallen. Und auf dem Sockel einer Säule erspähte er einen

alten Mann mit schneeweißen Haaren, der in einem Stuhl, in den zwei rotgoldene Adler geschnitzt waren, saß. Seine Arme waren mit goldenen Armbändern, die Hände mit Goldringen geschmückt. Es umgab ihn eine Aura der Autorität und er hatte ein goldenes *gwyddbwyll*-Brett vor sich stehen. In den Händen hielt er einen goldenen Stab und eine Feile. Er schnitzte Figuren für das Brett.

Er [Macsen] sah neben dem Mann ein Mädchen in einem rotgoldenen Stuhl sitzen. Sie war so schön, dass er von ihr wie geblendet war. Sie trug weiße Seide und ihr Mieder war mit rotgoldenen Spangen geschlossen. Darüber trug sie einen Brokatmantel und einen Umhang, der mit einer rotgoldenen Brosche geschlossen war. [Sie trug] ein Diadem, das mit Rubinen …, Perlen und Edelsteinen geschmückt war, sowie einen rotgoldenen Gürtel. Es war die lieblichste Maid, die dem Mann je begegnet war. Und das Mädchen stand von seinem goldenen Stuhl auf, kam auf ihn zu und nahm ihn in die Arme. Und sie setzten sich auf den goldenen Stuhl, der ihnen auch beiden bequem Platz bot.

DIE WEISHEIT
DER INSPIRATION

Das Wort „Inspiration" gemahnt an den Atem (die *Respiration*). Wir haben alle schon gehört, dass Visionen oder Gedichte durch Alkohol oder andere Stimulanzien inspiriert sind. Für die Kelten ist dies der flüssige Atem der Inspiration oder *awen*. Erst nachdem die Seele eine gefährliche Reise aus dem Körper in das Reich der Toten unternommen hat, kann *awen* erreicht werden. Als Vorbereitung auf diese übernatürliche Weisheit muss der Druide seine Sinne in einer Trance schärfen. Diese Technik wird von den Schamanen vieler Kulturen angewandt.

Gerald von Wales erwähnt „gewisse Personen in Cambria [Wales], die man nirgends sonst finden würde. Sie werden *awenyddion* oder inspirierte Menschen genannt." Wenn sie nach dem Ausgang eines bevorstehenden Ereignisses gefragt werden, meint er weiter, brüllen sie laut auf, als ob sie von einem Geist besessen wären. Sie antworten nicht rational. Jeder, der genau hinhört, kann die Prophezeiung aus dem Gestammel heraushören. Diese Druiden erlangen erst wieder volles Bewusstsein, wenn sie wie aus einem Tiefschlaf aus ihrer Trance geholt werden. Sie erinnern sich auch nicht mehr an die Antworten, die sie gegeben haben. Gerald bemerkt auch, dass den Druiden auf ihren Reisen die Gnade der Geister hold ist. Einige scheinen süße Milch oder Honig auf den Lippen zu haben. Andere behaupten, dass sie als Geschenk der Geister geschriebene Botschaften vorfanden, als sie erwachten. Funde wie ein Kopfschmuck in Geweihform, der an den rituellen schamanistischen Kopfschmuck in anderen Kulturen erinnert, und die Darstellungen auf keltischen Gefäßen von tanzenden Männern, die mit Pferdehäuten bekleidet sind, belegen Geralds Ausführungen.

Zu der Inspiration zählen Augenlicht, Gehör und Sprache. Das irische Wort *filigh* (Dichter) enthält den alten indogermanischen Wortstamm für „sehen". Viele keltische Statuen mit drei Köpfen sind am Ohr verbunden, als ob sie sich den Gehörsinn teilen würden (siehe Seite 111). Die wichtigste Gabe des Sehers ist aber seine Eloquenz. Die Weisheit, die der Druide auf seinen Reisen in die Reiche der Geister hört und sieht, übermittelt er seinem Volk in Reden. Deshalb betrachten die *awenyddion* ihre Gabe als Öffnen des Mundes.

In der folgenden Geschichte wird deutlich, welche Bedeutung die Sprache für die Kelten hatte. Der irische König Matholwch bricht das Gesetz der Gastfreundschaft, als er seinen Gast Bendigeidfran mab Llyr zu töten versucht. In dem Kampf sterben viele von Matholwchs Soldaten in Schande, da sich ihr Herr

DAS EI DES DRUIDEN

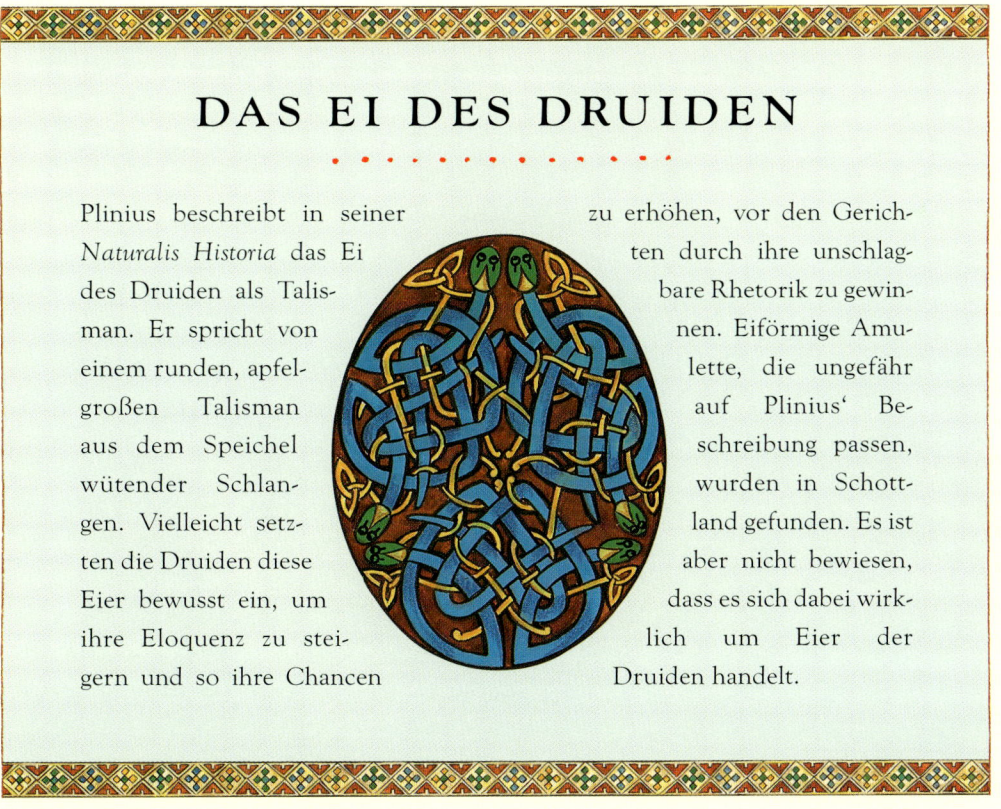

Plinius beschreibt in seiner *Naturalis Historia* das Ei des Druiden als Talisman. Er spricht von einem runden, apfelgroßen Talisman aus dem Speichel wütender Schlangen. Vielleicht setzten die Druiden diese Eier bewusst ein, um ihre Eloquenz zu steigern und so ihre Chancen zu erhöhen, vor den Gerichten durch ihre unschlagbare Rhetorik zu gewinnen. Eiförmige Amulette, die ungefähr auf Plinius' Beschreibung passen, wurden in Schottland gefunden. Es ist aber nicht bewiesen, dass es sich dabei wirklich um Eier der Druiden handelt.

DER SEHER BRAHAN

· · · · · · · · · · ·

Im 17. Jahrhundert schenkten die Toten Kenneth Mackenzie, dem Seher Brahan, die Gabe der Prophezeiung. Als Knabe begleitete er meist seine Mutter, wenn sie das Vieh der Familie versorgte. Als sie eines Nachts spät nach Hause kamen, sahen sie, dass der Friedhof voller Seelen war. Ohne Furcht näherte sich Frau Mackenzie einem offenen Grab und legte ihren Stock darüber, damit die Seele nicht zurückkehren konnte. Es war die Seele einer ertrunkenen Prinzessin, die ihnen verriet, wo sie einen seltsamen blauen Stein finden würden, durch den Kenneth die Gabe der Prophezeiung erlangen würde. Seine erste Eingebung hatte der junge Prophet bald darauf, als er des Nachts von vergifteten Speisen träumte. Als er am nächsten Tag von seinem eifersüchtigen Arbeitgeber Speisen angeboten bekam, erinnerte er sich an seinen Traum und lehnte ab. Stattdessen beschloss er, in die Welt zu ziehen, da er hoffte, dass man seine Talente dort besser schätzte.

so ungebührlich verhalten hat. Deshalb können sie nicht in die Anderswelt eintreten und werden aus dem Reich der Toten zu den Lebenden zurückgeschickt.
Allerdings verlieren sie als Strafe für ihre Missetaten die Sprache.

Da das Wissen aus der Welt der Geister sehr wertvoll ist, sind die Reisen in
dieses Reich äußerst gefährlich. Die persönliche Suche nach übernatürlicher
Weisheit hat ihre dunkle Seite: Außerkörperliche Erfahrungen können zu Tod
oder Wahnsinn führen. Wenn das übernatürliche Wissen nicht kontrolliert wird,
können sogar mächtige Seher den Verstand verlieren. Einst hatte Merlin eine der-
art schreckliche Vision, dass er verrückt und aus der Gesellschaft ausgestoßen
wurde. Nur ein kleines Schwein, das ihn begleitet und die Apfelbäume, die ihnen
Schutz bieten, können die Verwirrungen seiner Seele vernehmen. Als ihn seine
Schwester Gwenddydd im Wald besucht, möchte sie ihm Trost spenden. Erst
bietet sie ihm Wein an, den er aber ablehnt. Dann gibt sie ihm Milch, die er ebenfalls nicht annimmt. Erst das dritte Getränk, das reinste Wasser, das die Weisheit
trägt, akzeptiert er. Das Wasser heilt seinen Wahnsinn und gibt ihm seine
Fähigkeiten als Seher und Prophet wieder zurück.

Diesen Topf, der in Bavay (Nordfrank-
reich) gefunden wur-
de, umgibt ein Ring
mit Totenköpfen.
Ein Kopf ist dreimal
abgebildet und die
drei Gesichter ragen
aus demselben Hals. Sie
scheinen an den Ohren verbunden zu sein, so dass ein
Gesicht den Betrachter anzustar-
ren scheint, während die
anderen beiden im Pro-
fil abgebildet sind. Die
Zahl Drei hat in der
keltischen Mythologie
große Bedeutung (sie-
he Seite 114–115). Die-
ses dreifache Gesicht,
das unter den anderen her-
vorsticht, kann auch auf ge-
schärfte Sinne hindeuten, die ein
Prophet oder Barde besitzt.

HEILIGE UND ENGEL

In einem seiner mystischsten Gedichte erzählt der Barde Taliesin, das er aus dem Land der Seraphim stammt. Diese Engelwesen sind angemessene Gefährten für den Barden, da sie in der Engelsordnung ganz oben stehen und dem Gottesthron am nächsten sind. Viele Engel, die im *Buch von Kells* abgebildet sind, gleichen in Form und Kleidung den byzantinischen Darstellungen, doch sprechen sie mit den keltischen Heiligen über keltische Weisheiten und das Christentum.

Eines Tages versammelt der hl. Patrick die Geister der alten Krieger Cailte und Oisin sowie ihrer Gefährten, die ihm die Abenteuer der alten irischen Helden erzählen und ihm die Weisheit der *ollamhs*, der höchsten Rangstufe der irischen Dichter (siehe Seite 68–71), vermitteln. Als sich der hl. Patrick in der wunderbaren heidnischen Tradition gefangen findet, fragt er sich, ob er seine christlichen Pflichten vernachlässigt. Plötzlich erscheinen ihm zwei Engel, die ihm versichern, dass die Geschichten der alten Helden von großer Bedeutung sind. Daraufhin ruft der hl. Patrick seine Schreiber zu sich, die alle Geschichten niederschreiben und so für die Nachwelt erhalten.

Der Schrein, der die Glocke des hl. Patrick birgt, ist eine prunkvolle Bronzetruhe aus dem Jahr 1100. Die Glocke vollbrachte auch nach dem Tod des Heiligen noch Wunder (siehe Seite 58). Die Versilberung und die Filigranarbeiten steigern den dekorativen Effekt und spiegeln die herausragende Position wider, die der hl. Patrick im Christentum innehatte. Patrick besaß angeblich noch weitere Gegenstände die Wunder wirkten, wie einen Krummstab. Eine Legende erzählt von einer heidnischen Prophezeiung: „Ein Mann mit einer Mitra und gekrümmtem Stab wird kommen."

Über die Kommunikationskanäle zwischen den Engeln und den keltischen Heiligen wird nicht nur das Wort Gottes verbreitet. Manchmal verlangen die Engel auch, dass Aufgaben ausgeführt werden. Das kann sogar für einen Heiligen ein sehr gefährliches Unterfangen sein, wie die folgende Legende über den hl. Columba zeigt. Als der hl. Columba eines Nachts „voller Verzückung" meditiert, erscheint ihm ein Engel, der ihn bittet, bei der Amtseinsetzung eines irischen Königs zugegen zu sein. Er versucht, ihm ein gläsernes Buch mit den Zeremonialphrasen zu überreichen. Als der hl. Columba das Buch zweimal ablehnt, zeichnet ihn der Engel fürs Leben. Dann fragt er ihn nochmals, ob er das Buch annimmt. Diesmal wagt er nicht abzulehnen und führt seinen Auftrag aus.

DER HEILIGE SCHMIED

• • • • • • • • • •

Der hl. Eloi ist der bretonische Schutzherr der Schmiede. Eines Tages wollte ein Fremder ein Pferd in Elois Schmiede beschlagen. Als Eloi sich zur Hilfe bereit erklärte, schnitt der Fremde dem Pferd die Beine nacheinander ab, schlug neue Hufeisen darauf und befestigte die Beine wieder. Das Pferd litt nicht unter dieser Behandlung. Der Fremde gab sich als Christus zu erkennen, der zu Ehren des Schmieds erschienen war. Eloi ist auch der Schutzherr der Pferde. Bei dem Fest *pardon* reitet man um Kirchen, damit der Heilige die Pferde schützt. Ihm werden Haarbüschel aus der Mähne und dem Schweif der Pferde geopfert.

DIE MACHT DER DREI

Triaden (Dreiergruppen) und die Verdreifachung ziehen sich wie ein roter Faden durch die keltische Welt. Fragen werden dreimal gestellt, Göttinnen erscheinen zu dritt und die Glücksbringer aus Stein zeigen immer Dreiergruppen von kleinen Männern mit Kapuze. Die Zahl Drei kann die Kraft verstärken und verschiedene Erlebnisse verbinden: Bei Skulpturen fließen Köpfe und Gesichter so weit ineinander, dass die drei zu einer Einheit verschmelzen. Diese Gesichter blicken gleichzeitig in die Vergangenheit, die Gegenwart und die Zukunft und verkörpern die umfassende keltische Weisheit.

Julius Caesar erzählt, dass die Druiden ihr Wissen nicht aufschrieben, sondern mündlich weitergaben. Dazu bedienten sie sich einer Reihe von komplizierten Erinnerungstechniken, von denen die verbreitetste die Triade von drei Elementen war. Das Gesetz, die Regeln der Dichtung und alle Arten von traditionellem Wissen sind in Triaden eingeteilt.

Diese Einteilung ist unerlässlich, um die riesigen Mengen an Information zu verarbeiten und im Gedächtnis zu behalten, die ein Druide erhält. Da die Druiden jedoch kaum zwischen heiligem und weltlichem Wissen unterscheiden, messen die Druiden der Information größere Bedeutung bei, indem sie sie in eine Triade verpacken. Häufig ist die tiefere Bedeutung einer Triade sehr offensichtlich, da das letzte Element die wichtigste Botschaft enthält. Die folgende Triade beschreibt die drei Namen für Britannien: Merlins Reich, die Honiginsel und die britannische Insel. Diese Bezeichnungen enthalten nicht nur historische Anklänge, sie umfassen zudem auch die spirituelle Geschichte der Insel. Britannien ist ein magischer Ort, da hier der große Magier Merlin weilt, es ist die Honiginsel, weil sie fruchtbar ist. All diese Eigenschaften und tatsächlich die ganze Identität der Nation konzentrieren sich jedoch in dem letzten Namen, dem somit weit mehr als nur wörtliche Bedeutung zugeschrieben werden kann.

TRIADEN DES WISSENS

Die Triaden des Wissens sind ein wichtiges Werkzeug, dessen sich Druiden und Barden bedienen, um ihr Wissen zu vermitteln. Einige Triaden sprechen von der Schwäche der Menschen, andere enthalten tiefere Wahrheiten über den Menschen.

Drei Dinge, die man sofort erledigen soll:

Fange den Floh, sobald du ihn spürst;

Meide den Weg eines irren Hundes;

Versuche, Zank zu mindern.

Die drei Quellen des Wissens:

Denken;

Intuition;

Lernen;

Die drei Aufgaben der Sprache:

Rezitieren;

Argumentieren;

Geschichten erzählen.

Drei Dinge, über die ein Dummkopf lacht:

Über Gutes;

Über Schlechtes;

Über alles, was er nicht versteht.

Drei Merkmale, wie Menschen sind:

Gottesfürchtige Menschen zahlen Böses mit Gutem zurück;

Menschen dieser Welt geben Gutes für Gutes und Böses für Böses;

Und die Menschen des Teufels zahlen Gutes mit Bösem zurück.

SPIRITUELLE HEILUNG

Der römische Autor Plinius beschreibt einen Farn mit dem Namen *selago*, den die gallischen Druiden für Zaubertränke und Heilmittel verwendeten. Da die Pflanze mystische und medizinische Eigenschaften hat, müssen die entsprechenden Rituale eingehalten werden. Bevor *selago* geerntet wird, muss Brot und Wein geopfert werden, und alle Pflücker müssen einen weißen Umhang tragen und barfuß gehen. Man darf die Pflanze nicht mit Eisen schneiden, sondern muss sie pflücken, indem man die rechte Hand durch den linken Ärmel des Umhangs steckt. Wenn diese Bedingungen erfüllt werden, ist *selago* ein starker Talisman gegen das Böse.

Caesar vergleicht die keltischen Götter der Heilkunst mit dem klassischen Sonnengott Apollo. Die Kelten bezogen die Heilkraft jedoch aus der Anderswelt, dem Reich der Dunkelheit und des Wissens, und nicht von der Sonne. Dian Cecht, der Arzt der Tuatha de Danann, ist einer der berühmtesten Heiler. Nachdem sein Sohn Miach starb, wuchsen 365 Heilpflanzen auf seinem Grab. Jeder Körperteil Miachs ließ ein anderes Heilkraut sprießen. Vater und Schwester sammelten dieser Kräuter und legten sie in Tiopra Slaine, den tiefen Brunnen der Heil-

DER FEENBERG

Wer heilen möchte, benötigt nicht nur das richtige Heilmittel und die richtige Einstellung, wie eine Legende aus dem Finistère in der Bretagne zeigt. Die beiden Nachbarn Paol und Yon machen sich nach Paris auf. Der wohlhabende Paol, der sich wenig um seine Gefährten kümmert, reist bequem, während der arme, doch ehrliche Yon die Reise erbetteln muss. Eines Nachts findet Yon in einer hohlen Eiche neben einem Brunnen Unterschlupf, dessen Wasser von Ost nach West fließt. Um Mitternacht erwacht Yon durch ein schreckliches Geräusch. Um ihn herum tanzen die *Corrigans*, ein Elfenvolk. Der Anführer, ein verkrüppelter *Corrigan*, prahlt, dass er die Tochter des Königs verhext habe und sie nur Wasser aus diesem Brunnen retten könne. Yon gelingt es unbeobachtet ein wenig des magischen Wassers mitzunehmen, mit dem er die Prinzessin heilt. Er erzählt Paol von der Eiche und dem Brunnen. Dieser eilt zu dem magischen Ort, um ein berühmter Heiler zu werden. In der Eiche wartet er auf die *Corrigans*. Voller Wut, dass Yon die Prinzessin geheilt hat, befiehlt der Anführer der Elfen seinen Gefährten, die Eiche zu vernichten, und Paol verbrennt.

kunst. Während der Schlacht von Moytura tauchten Dian Cecht und seine drei Kinder die verwundeten Krieger der Tuatha de Danann in den Brunnen und sprachen Zauberformeln, so dass die Wunden der Krieger heilten.

Dian Cechts größte Leistung war es jedoch, einen silbernen Arm für Nuadhu, den König der Tuatha de Danann, zu schaffen. Ein verkrüppelter König kann Irland der Tradition gemäß nicht regieren, und der Verlust des Armes brachte Nuadhu zu einem sehr kritischen Zeitpunkt um den Königsthron. Dian Cecht gelingt mit dem silbernen Arm nicht nur eine körperliche, sondern auch eine spirituelle Heilung, da er nicht nur den König, sondern die Königswürde selbst rettet.

In einer Legende des Cu Chulainn werden Krankheit und Traurigkeit durch Wissen aus der Anderswelt verursacht und geheilt. Zu Samhain versucht Cu Chulainn zwei mysteriöse Vögel zu fangen, die mit einer Goldkette verbunden sind. Da die Schwäne fliehen möchten, singen sie ein Zauberlied, woraufhin Cu

EIN ZAUBERSPRUCH GEGEN SORGEN

. . . .

Die keltischen Zaubersprüche wirken durch die Worte selbst und nicht durch ihre Bedeutung. Sie müssen laut gesprochen werden. Dieser Spruch hilft des Nachts, wenn die Seele schwer vor Sorgen ist.

Der Zauberspruch von Michael mit dem Schild,
dem Palmzweig, den Christus besaß,
von Brigid und ihrem Schleier.
Der Zauberspruch, den Gott selbst sprach,
als ihn die Göttlichkeit verließ.

Chulainn gegen eine Steinsäule gelehnt einschläft. Er träumt von zwei Frauen, die aus der Anderswelt kommen und ihn bewusstlos schlagen. Als er erwacht, zieht er sich für ein Jahr in sein Bett zurück. Zu Samhain macht er sich erneut zu der Steinsäule auf, wo ihm die beiden Feen nochmals erscheinen. Diesmal laden sie ihn ein, ihnen in die Anderswelt zu folgen, wo der Held die Liebe der Feenfrau Fand gewinnen wird, wenn es ihm gelingt, die Feinde des Königs zu besiegen. Cu Chulainn willigt ein und folgt ihnen.

Er erfüllt seine Aufgabe in der Anderswelt und bringt Fand, die ihn in ihren Bann gezogen hat, mit in die Welt der Lebenden. Allerdings zürnt seine Gattin Emer Cu Chulainn wegen seiner Treulosigkeit, so dass ihn die Fee verlassen muss. Der Held ist untröstlich und zieht wie ein Verrückter umher. Emer bittet die Druiden um Hilfe bei der Heilung ihres Gatten. Sie sprechen Zaubersprüche, um seinen Wahnsinn zu bezähmen. Danach verabreichen sie ihm den Trank des Vergessens und Cu Chulainn wird schließlich von seinem Leiden geheilt.

DIE WEISHEIT
DER BARDEN

Amairgens Spruch „Ich bin ein beredtes Wort" (also „Ich bin ein Dichter") zeigt, welch hohe Stellung die Dichter und Barden bei den Kelten innehatten. Die Barden hüteten die Weisheit ihres Stammes und konnten durch ihre Kunst die Identität ihres Volkes wahren. Alle Barden Britanniens genossen drei Privilegien: Sie bekamen im ganzen Land Nahrung und Unterkunft, die Waffen wurden in ihrer Gegenwart weggesteckt und ihr Wort wurde allgemein respektiert.

Der Wert, den die Worte eines Dichters genossen, reflektiert sein heiliges Wissen. Die irischen Gesetze stellten den *ollamh*, den höchsten Rang des Hauptdichters, mit dem König gleich. Als eines Tages der Druide Ollamhan (dessen Name „Hauptdichter" bedeutet) neben seinem Bruder, dem Hochkönig Fiachna, sitzt, hören sie das Rauschen des Windes. Der Druide prophezeit, dass sein Sohn, der bald geboren wird, Fiachna gleich sein werde. Der eifersüchtige König lässt seine schwangere Schwester rufen und befragt sie zu dem Kind, doch weiß sie nichts von der Prophezeiung. Als das Kind jedoch geboren wird, rezitiert es ein

Feidhilm ist die berühmteste Dichterin der altirischen Literatur. Sie wird als Frau aus der Anderswelt beschrieben, doch ist sie auch Prophetin und sagt das Schicksal des Heeres von Königin Maeve von Connaught bei der versuchten Invasion von Ulster voraus. Feidhilm wurde in Schottland zur Dichterin ausgebildet, wo es viele weibliche Dichter gab. Sie verfasste viele Verse für schottische Clanführer.

Gedicht. Fiachna ist von der Weisheit des Knaben so verblüfft, dass er ihn als sein Ebenbild akzeptiert und ihm Ollamhans Stelle als Hauptdichter anvertraut.

Die keltischen Gedichte enthalten drei Stufen von Visionen. Sie beschreiben die vergangene Weisheit der Welt, liefern intuitives Verständnis der Gegenwart und blicken in die Zukunft. Der Historiker Martin Martin, der im 17. Jahrhundert auf der Isle of Skye lebte, erzählt uns, dass die gälischen Dichter seiner Zeit ihre Kunst lernten, wenn sie im Dunkeln mit einem Stein auf der Brust lagen. Diese Art der Meditation ermöglichte es ihnen, den Geist frei von Ablenkungen zu sammeln. So konnten die Barden jener Zeit wie ihre Vorfahren ihr Bewusstsein steu-

ERINNERUNG AN *TAIN*

Eines Tages bemerkten die irischen Barden, dass sie *Tain Bo Cuailnge*, das Gedicht über den großen Rinderraub, der die Männer von Ulster gegen die Männer von Connaught aufgebrachte hatte, vergessen hatten. Gemeinsam mit den Heiligen batten sie Gott um Hilfe. Dieser erweckte einen alten Helden zum Leben, der die Abenteuer der Männer von Ulster, den Kampf zwischen den beiden magischen Stieren, die Taten von Cu Chulainn und die Ränke der Königin Maeve ein letztes Mal erzählt. Die Erzählungen wurden in einem Gedicht zusammengefasst, das die Taten der großen Helden für künftige Generationen bewahrt.

ern, die komplexen Aufgaben der Dichtkunst erfüllen, die komplizierten Gesetze ihrer Zeit verstehen und das praktische und mystische Wissen sammeln, das ihre Stellung erforderte.

Da Barden ihrer Berufung folgen, kann mangelndes Talent nicht durch Streben wettgemacht werden. Viele Legenden erzählen uns, wie die Barden ihre Gabe erlangten. Die große Dynastie irischer Barden, die O'Dalaighs, kennen eine Geschichte über ihren Vorfahren Cearbhall O'Dalaigh. Als Junge arbeitete Cearbhall für einen Bauern, der das Kind jeden Tag fragte, ob es etwas Ungewöhnliches gesehen hätte. Der Junge verneinte immer, bis er eines Tages eine Wolke bemerkte, die sich über einem Binselbüschel sammelte, das eine scheckige Kuh aß. Der Bauer befahl Cearbhall, ihm die erste Milch dieser Kuh zu bringen, doch der Junge schüttete sich damit an. Sofort verwandelte er sich in einen Dichter, der in vollkommener Versform sprach. Der Bauer schickte ihn fort, doch reichte Cearbhalls Ruhm als Barde bald bis nach Schottland, wo sich die Tochter des Königs in ihn verliebte. Der König war mit dem Verehrer seiner Tochter nicht einverstanden und unternahm alles, um die beiden zu trennen. Doch Cearbhall lullte alle außer der Königstochter mit seinen süßen Weisen und seiner Harfe in den Schlaf, bis sich die beiden Liebenden schließlich fanden.

Barden können mit Worten jedoch auch schaden. Einige ihrer Sprüche können körperlichen Schmerz zufügen und auch Könige sind vor ihrem Zorn nicht sicher. Laut dem *Buch der Invasionen* verfasste Cairpre, der Oberbarde der Tuatha de Danann, die erste satirische Schmährede Irlands. Er griff König Bres so wütend an, dass sich auf dem Gesicht des Königs Flecken zeigten. Da ein König, der mit einem Makel behaftet war, gemäß den Herrschaftsgesetzen nicht regieren konnte, wurde Bres abgesetzt. In einem Gedicht aus dem 15. Jahrhundert kämpft der Oberbarde gegen seinen Zorn: „Bevor mir eine Zornwoge die Wange verbrennt, möchte ich gegen mich sprechen, auch wenn ich mir Unrecht tue" … Meist ist die Missbilligung durch einen Barden für sein Opfer jedoch Strafe genug.

Die Aufgaben eines Barden

Keltische Barden tragen große Verantwortung. Daher wird den jungen Barden viel Wissen in Form von Triaden beigebracht. Die folgenden Triaden enthalten einige der wichtigsten Prinzipien der Barden:

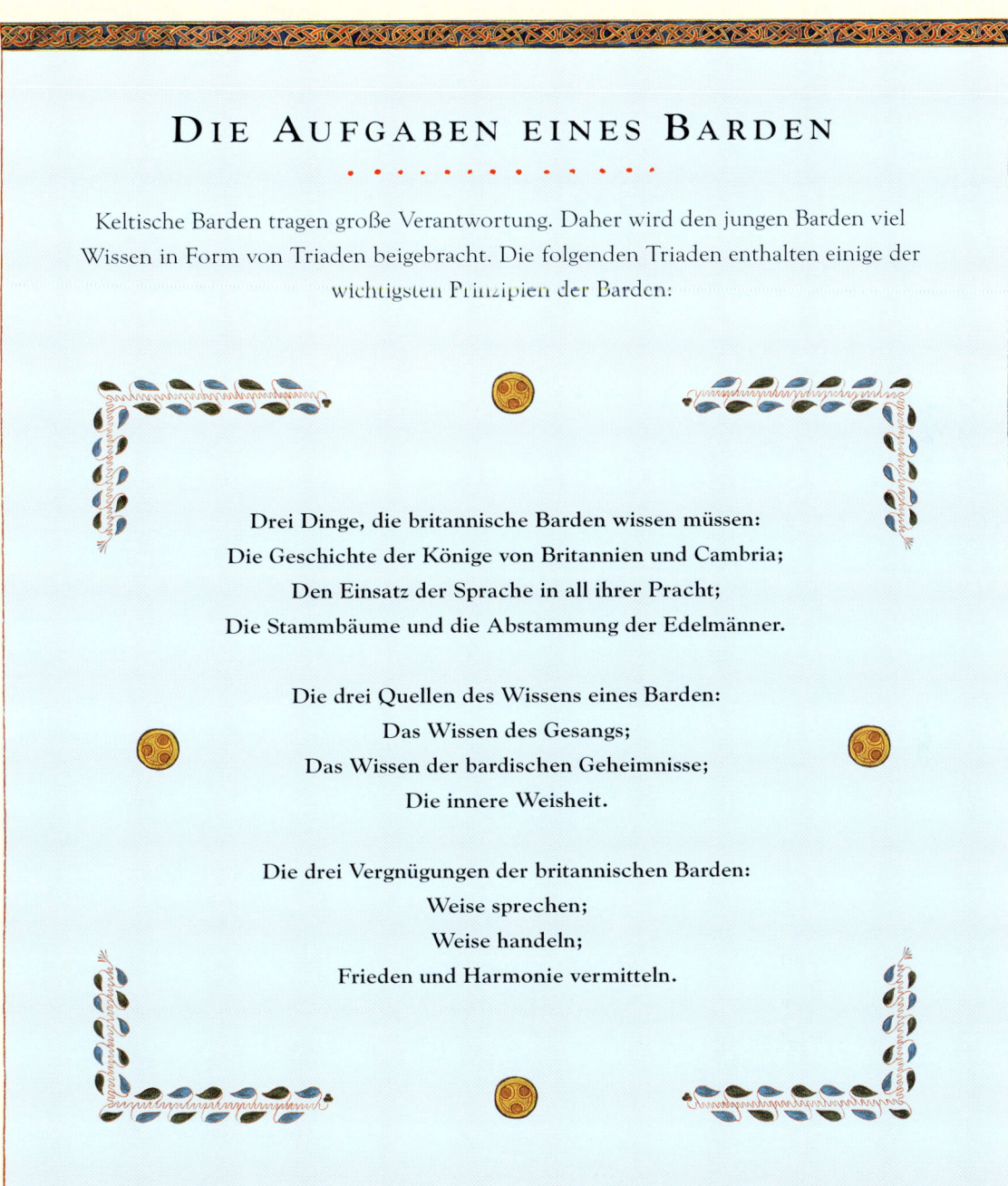

Drei Dinge, die britannische Barden wissen müssen:
Die Geschichte der Könige von Britannien und Cambria;
Den Einsatz der Sprache in all ihrer Pracht;
Die Stammbäume und die Abstammung der Edelmänner.

Die drei Quellen des Wissens eines Barden:
Das Wissen des Gesangs;
Das Wissen der bardischen Geheimnisse;
Die innere Weisheit.

Die drei Vergnügungen der britannischen Barden:
Weise sprechen;
Weise handeln;
Frieden und Harmonie vermitteln.

DIE EWIGE WEISHEIT

Für die Kelten war der endlose Knoten ein greifbares Bild, das die Unendlichkeit ausdrückte. Die Linien auf Kunstwerken und Manuskripten winden und verknoten sich, doch kehren sie immer zum Ausgangspunkt zurück. Auch in den Erzählungen über die Anderswelt kehren die Reisenden nach vielen Abenteuern immer wieder zurück. So gesehen ist der Tod nicht das Ende, sondern der Anfang des ewigen Lebens.

TIERDARSTELLUNGEN

Die Tierdarstellungen auf Waffen, in Felsgravierungen und vor allem in der Buchmalerei verbinden christliche Weisheiten mit heidnischen Traditionen. Die Tiere gemahnen an die Lebendigkeit der Natur, das göttliche Geschenk der Vielfalt in der Welt und durch ihre Symbolik an das Bestehen einer ewigen Kraft.

Mit vollem Recht ist das bekannteste Werk der keltischen Buchmalerei das *Buch von Kells*, ein reich illustriertes Evangelienbuch, das zwischen dem 7. und 9. Jahrhundert n. Chr. entstand. Einige der Tiere, die in dem Buch besonders häufig vorkommen, werden mit Christus assoziiert. Die Schlange ist ein Symbol der Wiedergeburt, da sie weiterlebt, wenn sie ihre Haut abgeworfen hat. Der Fisch gemahnt an die neu bekehrten Christen, die bei der Taufe untergetaucht werden. (Das griechische Wort für Fisch ist ein Akronym für Jesus Christus, den Gottessohn und Retter). Matthäus wurde als einziger Evangelist als Mann oder Engel dargestellt, Markus dagegen als Löwe, Lukas als Ochse und Johannes als Adler. Zu den Vögeln im *Buch von Kells* zählen der Pfau, der für die Unbestechlichkeit Christi steht, und die Taube, die mit dem Heiligen Geist assoziiert wird.

Doch nicht alle Tiere der keltischen Kunst haben gute Eigenschaften. In der Buchmalerei und in Felsgravierungen findet man viele Ungeheuer wie Feuer speiende Drachen, seltsame Wesen, die ihren eigenen Schwanz verspeisen, und reptilienähnliche Tiere, die Menschen schlucken (in einem Fall sogar einen Bischof). So schrecklich diese Wesen auch sein mögen, können sie durch die Macht der keltischen Heiligen doch gezähmt werden. Der hl. Samson von Dol, der in Cornwall und der Bretagne verehrt wird, soll einen Drachen zu Stein verwandeln können. Der hl. Ronan ritt auf einem riesigen Ungeheuer zu einer Insel, wo er die bösartigen Bewohner in das Meer trieb, damit er sein Kloster errichten konnte.

DAS REUIGE UNGEHEUER

Zu den auffallendsten Darstellungen der keltischen Buchmalerei zählen Monster, die einen Menschen schlucken. Diese rätselhaften Menschenfresser findet man auch auf keltischen Kunstwerken und Felsgravierungen. Sie beschwören das Bild der Hölle herauf, da ein reumütiges Ungeheuer die Sünder schluckt, wie das mittelalterliche Gedicht beschreibt, das Taliesin zugeschrieben wird. Es ist ein literarisches Mosaik aus Poesie, christlicher Legende und klassischer Philosophie, das der Fantasie des keltischen Dichters entspringt. Nachstehend der betreffende Abschnitt:

„Ich eilte mit großen Schiffesflotten,
um ein Monster zu besiegen, fein geschuppt,
es hatte hundert Köpfe.
Unter seiner Zunge ein Heer von Männern,
eine weitere Schar in seiner Kehle;
wie eine Kröte mit gespaltener schwarzer Zunge,
einhundert Nägel an jeder Klaue.
wie eine gesprenkelte Schlange mit einem Kamm,
einhundert sündige Seelen
gestraft in seinem Fleisch."

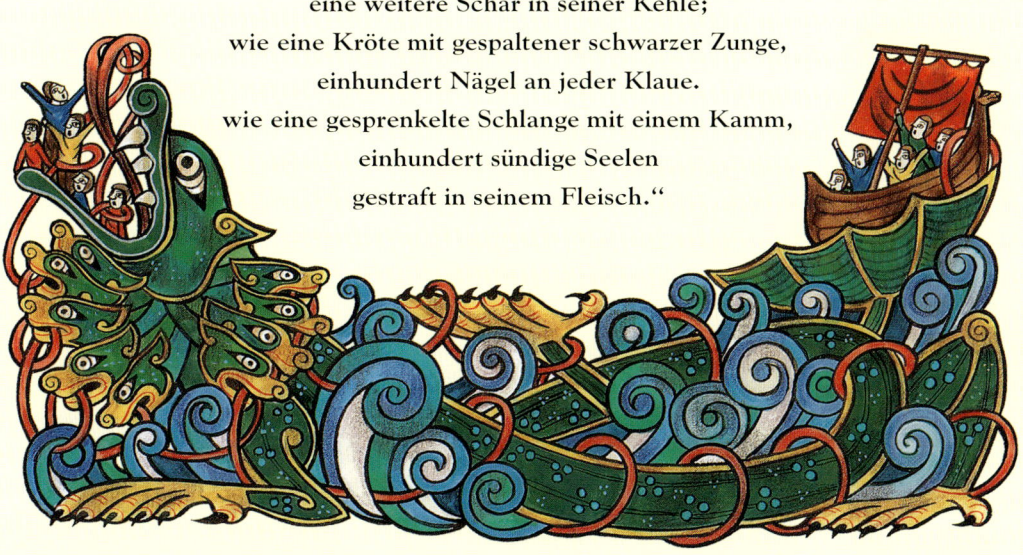

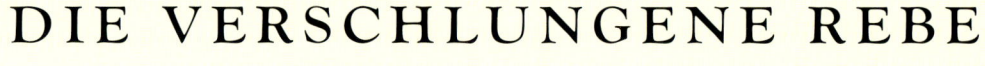

DIE VERSCHLUNGENE REBE

Viele Darstellungen in der Buchmalerei und auf keltischen Kreuzen zeigen Reben, die zu komplizierten Mustern verschlungen sind. Häufig sprießen die Reben in einem goldenen Gefäß und zwischen den verschlungenen Blättern und Ästen wachsen Trauben, die Pfauen mit schillernden und gewundenen Schwanzfedern verspeisen. Im Christentum verschmilzt die Symbolik, die der Rebe in der keltischen und byzantinischen Kultur zugeschrieben wurde. Der traubenbehangene Weinstock, der aus einem Gefäß sprießt, steht für Christi Versprechen der Erlösung; der Pfau mit den bunten Schwanzfedern ist ein Symbol für die Auferstehung.

Die Pflanzen spielten bereits in der Fantasie der heidnischen Kelten eine bedeutende Rolle. Eines Tages spinnen drei Feenfrauen von Cruachan, dem Tor, das die menschliche Welt mit der dunklen Anderswelt verbindet, mit der linken Hand Garn auf verschlungenen Kunkeln aus Stechpalmenholz. Jede Bewegung gegen den Gang der Sonne (also mit der linken Hand) gilt als böse Magie. In Verbindung mit den magischen Eigenschaften der verschlungenen Stechpalme ermöglicht dies den alten Frauen, die beiden großen Helden Finn und Conan ganz fest in ihr Garn einzuspinnen. Finns Gefährten versuchen, dem Spinnen Einhalt zu gebieten, doch kann nur Goll mac Morna dem verhexten Garn entkommen. Er tötet schließlich die Hexen und rettet seine Gefährten.

Auch eine Legende über Taliesin beschreibt die magischen Eigenschaften der Stechpalme. Als Prinz Elphin prahlt, dass er bessere Pferde besitze als König Maelgwn, besteht der König wütend auf einem Wettrennen. Taliesin reicht Elphins Reiter einen Stock aus Stechpalmenholz und rät ihm, damit den Pferden Maelgwns während des Rennens auf die Hinterhand zu schlagen, so dass die Tiere nicht mehr laufen können. Als das Rennen zu Ende ist, befiehlt Taliesin Elphin, ein Loch zu graben und Hut und Stock des Reiters zu vergarben. Hier findet er einen Topf mit Gold. Elphin gewinnt so das Rennen und großen Reichtum.

In vielen keltischen Gedichten stehen schöne, zarte Pflanzen als Metapher für die Liebe. Häufig erzählen Gedichte von wilden Rosen und Stechpalmen, die auf den Gräbern von Liebenden gedeihen und die Liebenden in alle Ewigkeit verbinden. Reisende erzählen nach ihrer Rückkehr aus der Anderswelt oft von einem Land, in dem der Sommer nie vergeht und prächtige Bäume das ganze Jahr über Früchte tragen. Wenn die Menschen die silbernen Äpfel von diesen Bäumen essen, so verzehren sie sich nach einer Liebe aus der Anderswelt.

STECHPALME, EFEU UND EIBE

. . . .

König Arthus versuchte zwischen Isoldes Gatten König Marke und ihrem Geliebten Tristan zu vermitteln. Er entschied, dass einer bei ihr verweilen sollte, wenn die Bäume kahl sind, der andere, wenn die Bäume Blätter tragen. Der Ehemann wählte den Winter, wenn die Nächte länger sind. Isolde jubelte, denn Markes Wahl bedeutete, dass sie nie wieder von Tristans Seite weichen müsste, wie der folgende Ausschnitt aus der Liebesgeschichte *Tristan und Isolde* aus dem 16. Jahrhundert zeigt:

„Drei Bäume gibt es, die gut und wahr,
Eibe, Stechpalme und Efeu sie genannt.
Blätter tragen sie das ganze Jahr,
so dass ich Tristans sei mein Leben lang.

DER ENDLOSE KNOTEN

Die Kelten liebten sehr komplizierte, verschlungene Muster. Kunstvoll verknotete Linien und Kurven schmückten ihre Waffen, Spiegel, Töpfe und Monumente. Ähnliche Muster findet man auch in den keltischen Manuskripten. Hier schmücken Linien und geometrische Muster einzelne Buchstaben, ganze Wörter, Sätze und sogar Seiten. Hier finden wir Menschen, Vögel und Tiere, die in die verschlungenen Linien eingeflochten zu sein scheinen. Köpfe, Hände und Füße mit kunstvollen Verzierungen ragen daraus hervor.

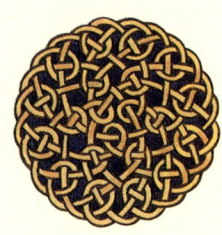

Die christianisierten Kelten stellten mit verschlungenen Mustern in ihren Manuskripten die ewige Wahrheit der Bibel dar. Das Symbol des endlosen Knotens, bei dem die Ewigkeit mit Hilfe einer Linie darstellt wird, die immer an den Anfang zurückverfolgt werden kann, ist mit der mittelalterlichen Legende von Salomons Siegel verbunden. Dieser Ring von König Salomon war mit rätselhaften Symbolen verziert, die es ihm ermöglichten, die Geister im Zaum zu halten. Das Schild, das Gawain in dem berühmten Gedicht aus dem 14. Jahrhundert bei der Suche nach dem Grünen Ritter trägt, ist mit einem endlosen Knoten aus fünf Strängen geschmückt. Die Verbindung mit Salomon wird deutlich beschrieben: „Dann zeigten sie ihm das Schild, das in tiefem Rot leuchtete / Und ein Pentagramm war in reinstem Gold darauf gemalt … / Es ist ein Zeichen, das Salomon vor einiger Zeit setzte / Ein Beweis der Treue in seiner Form mir ruht / Denn es ist eine Figur mit fünf Punkten / Bei der jede Linie die anderen überlappt und verschlingt / Und in ganz England wird sie endlosen Knoten genannt, wie auch in aller Welt."

Viele verschlungene Knoten sind aus Blättern und Pflanzen geformt. Die Verbindung zwischen der Natur und diesen stilisierten Formen beschreibt eine Legende, die an der Wand in der Kapelle des hl. Ronan in Locronan im Finistère (Bretagne) angeschlagen ist. Nach dem Tod des Heiligen streiten verschiedene Gemeinden, wer den Körper bekommen und so die Ehre haben soll, das Grab

LABYRINTHE AUS TORF

In Cornwall und Wales spielten die Schäferjungen Caer Droia. Dafür stachen sie Torf auf einem Hügel zu einem Labyrinth, dessen schmale Wege verschlungen zu einem Mittelpunkt führten. In diesen Labyrinthen gab es keine falschen Abzweigungen und Sackgassen – Der Weg führte immer in die Mitte.

Der Name Caer Droia kann von dem walisischen Wort *caer y troiau*, „Stadt der Wendungen", stammen. Es ist möglich, dass die Labyrinthe eine Büßerreise ersetzen sollten, oder sie waren aber nur ein Spiel, bei dem die Spieler den Mittelpunkt des Irrgartens in möglichst kurzer Zeit erreichen sollten.

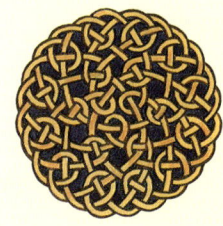

anzulegen. Schließlich legen sie den Körper des Heiligen auf einen Ochsenkarren und lassen den Ochsen ohne Führer davonlaufen, da sie hoffen, mit Gottes Hilfe so den Ort für Ronans Grab zu finden. Die Bürger folgen dem Ochsen, bis dieser gegen Abend in einem kleinen Hain auf einer Anhöhe anhält. Nun gehen die Anhänger des Heiligen nach Hause. Als sie am nächsten Morgen wiederkehren, bemerken sie zu ihrem Erstaunen, dass die Kapelle bereits errichtet wurde. Der Karren hatte sich wie durch ein Wunder in ein Steingrab verwandelt und die Äste der Bäume waren zu Stein geworden und bildeten so das steinernes Flechtwerk für die Kapelle, die seitdem den Körper des Heiligen birgt.

DER ENDLOSE KNOTEN

Keltische Gedichte und Legenden enthalten zahlreiche Verweise auf den Kreislauf von Leben, Tod und Leben nach dem Tod. Diese Literatur beschreibt den Kosmos als endlosen Knoten aus Erfahrungen, als verschlungenes Muster, das nie endet und in der irischen Buchmalerei so häufig vorkommt. In dem folgenden Ausschnitt aus dem *Buch des Taliesin* aus dem 13. Jahrhundert spricht der Barde zu uns aus Caer Siddi in der Anderswelt.

„Ein Stuhl ist bereit für mich in Caer Siddi,
wo das Alter niemanden trifft, der hier verweilt;
das ist es, was Manawydan und Pryderi* wissen.
Drei Gastgeber musizieren vor dem Stuhl,
auf den Gipfeln fließen mächt'ge Ströme.
Und darüber sprudelt eine reiche Quelle,
wo das Wasser süßer dünkt als Wein.
Ich werde den Herrn in der Höhe preisen,
bevor das Grab, der verborg'ne Ort, dir Frieden bringt."

*Manawydan ist der Stiefvater von Pryderi, dem Sohn von Rhiannon und Pwyll, dem Herrscher über Dyfed. Als Pryderi in der Anderswelt gefangen ist, wird er von Manawydan gerettet.

LEBEN UND STERBEN

Diogenes Laertius schreibt, dass keltische Männer drei Bedingungen, die ihnen die Druiden stellen, erfüllen müssen, um gut zu leben: Sie müssen die Götter ehren, dürfen nichts Böses tun und müssen sich mannhaft verhalten. Wie bei so vielen keltischen Triaden steht auch hier die wichtigste Bedingung, das mannhafte Verhalten, zuletzt. „Die Erinnerung eines Mannes altert nicht" sagt ein keltisches Sprichwort. Jeder Kelte möchte nach seinem Tod verehrt und von den Barden besungen werden, die die Lebenden preisen und der Toten gedenken.

Der römische Dichter Lucan beschreibt die Einstellung der Kelten zum Tod folgendermaßen: „Der Tod steht in der Mitte eines langens Lebens." Die Toten erhalten Grabbeigaben, damit die Seele leichter durch das Reich der Toten in die Anderswelt reisen kann. Neben Waffen waren dies bei den Männern persönliche Gegenstände wie Becher, Jagdhörner und sogar Wagen, bei den Frauen dagegen Schmuck und Töpferwaren. Speisen und Getränke sollten die Versorgung der Seelen auf ihrer Reise gewährleisten. Neben praktischen Gegenständen enthielten einige Gräber auch die Knochen von Haustieren wie Pferden und Hunden sowie Räder als Symbol für den unendlichen Kreislauf von Leben und Tod.

Diese berühmte Statue mit dem Titel *Der sterbende Gallier* ist die Marmorkopie einer älteren Bronzefigur aus dem 2. Jahrhundert v. Chr. Sie symbolisiert, was die Griechen und Römer über ihre keltischen Gegner dachten: Ein furchtloser, primitiver Krieger (mit dem charakteristischen Schnurrbart) ist bis auf seinen Halsring nackt, Schwert und Kriegstrompete liegen neben ihm. Es gehörte zur Einschüchterungstaktik der Kelten, die Kriegstrompeten zu blasen, was nicht nur Taktik war, sondern auch ein Ritual, das die Krieger auf den Kampf bis in den Tod vorbereiten sollte.

KLAGELIED FÜR EINEN PRINZEN

Llewelyn war der letzte einheimische Prinz der Waliser. Sein Tod im Jahr 1240 steht am Ende einer Ära in der keltischen Geschichte. Der folgende Ausschnitt aus dem *Klagelied für Llewelyn ap Gruffudd* von Gruffudd ab yr Ynad Coch aus dem 13. Jahrhundert spiegelt die Traurigkeit der Menschen über den Verlust ihres Führers wider.

„Mit Llewelyns Tod mir die Gedanken stehen still,
Mein Herz ist kalt, Angst die Brust mir verschnürt;
die Freude wie Gestrüpp mir schwindet.
Siehst du nicht, wie Wind und Regen brausen?
Siehst du nicht die Eichen, die sich biegen?
Siehst du nicht die See, die an die Küste schlägt?
Siehst du nicht die Wahrheit, die sie trägt?
Siehst du nicht die Sonne, die über den Himmel zieht
und die Sterne, die gefallen sind?
Glaubst du nicht an Gott, oh töricht' Mensch?
Siehst du nicht, dass die ganze Welt zu Ende geht?
Oh Gott, das Meer möge das Land verschlingen,
denn sinnlos ist es nun zu leben."

AUSSPRACHEREGELN

Die folgenden Aussprachehinweise gelten nur für die Laute, bei denen die irische und die walisische Sprache vom Deutschen abweicht. Im Register sind Hinweise zur Aussprache der Eigennamen gegeben.

Irisch

Die Wörter werden meist auf der ersten Silbe betont.

c	wie **k** in König
bh	wie **v** in Viktor
ch	vor oder nach **a**, **o** oder **u**: wie **ch** in schottisch **loch**; vor oder nach **e** oder **i**: wie f in Fahne
h	wie **ch** in ich
ll	vor oder nach **e** oder **i**: wie **lli** in **Million** (= italienisch **gl**)
mh	wie **v** in Viktor
dh	wie **th** in englisch **then**
gh	vor oder nach **a**, **o** oder **u** wie **g** in Gott; vor oder nach **e** oder **i**: wie **j** in Jahr
s	vor oder nach **a**, **o** oder **u**: wie **s** in Biss vor oder nach **e** oder **i**: wie **sch** in schön
th	wie **th** in englisch **thin**
a	kurz wie in **Fass** oder lang wie in englisch **pawn**
ae, ao	wie **ay** in englisch **say**
ai	wie **i** in **Wien** oder in **sitzen** oder langes a wie in **Bart** oder **aw** in englisch **pawn**

(Irisch, Fortsetzung)

e, ea	wie **e** in **Bett** oder **ay** in englisch **say**
ei	wie **ay** in englisch **say** oder **e** in Bett
i	wie **i** in **sitzen** oder langes **i** in **Wien**
ia, io	wie **ea** in englisch **idea**
oe	wie **oy** in Roy
oi	wie **o** in Top oder **aw** in englisch **pawn**
ui	wie langes **u** in Buch

Walisisch

Die Wörter werden meist auf der vorletzten Silbe betont.

c	wie **k** in König
ch	wie **ch** in schottisch **loch**
dd	wie **th** in englisch **then**
f	wie **v** in Viktor
ff	wie **f** in fein
ll	mit starkem Hauch, ähnlich **hl**
rh	mit starkem Hauch, ähnlich **hr**
w	wie **w** in **Wein** oder wie **u** in Buch
ae, ei, eu	wie **ei** in fein
aw	wie **ow** in englisch **town**
oe	wie **oy** in Roy
u	wie **i** in **Bitte** oder langes **i** in **Wien**
y	wie **a** in **Mann** oder **i** in **Bitte**

QUELLENNACHWEIS

Carmichael, Alexander, *Carmina Gadelica Hymns and Incantations*. Floris Books, Edinburgh, 1992

Cross, T.P. and C.H. Slover, *Ancient Irish Tales*. New York, Barnes and Noble, 1969.

Gantz, Jeffrey, *Early Irish Myths and Sagas*. Penguin, London and New York, 1981

Gantz, Jeffrey, *The Mabinogion*. Penguin, Harmondsworth and New York, 1976

Jackson K.H., *A Celtic Miscellany*. Routledge, Harmondsworth, 1971

Kinsella, Thomas, *The Tain*. Oxford University Press, London and New York, 1970

WEITERE LITERATUR

Backhouse, Janet, *The Lindisfarne Gospels.* British Library Press, London, 1995

Bain, George, *Celtic Art: Methods of Construction.* McClellan, Glasgow, 1951

Chadwick, Nora, *The Druids.* University of Wales Press, Cardiff, 1997

Clancy, Thomas, and Gilbert Markus, eds. and trans., *Iona: The Earliest Poetry of a Celtic Monastery.* Edinburgh University Press, Edinburgh, 1995

Curtin, Jeremiah, *Myths and Folk Tales of Ireland.* Dover Publications, New York, 1975

Dillon, Myles, and Nora Chadwick, *The Celtic Realms.* Cardinal, London, 1973

Eluere, Christine, *The Celts: First Masters of Europe.* Thames & Hudson, London, 1992; Abrams, New York 1993.

Green, Miranda, *Exploring the World of the Druids.* Thames & Hudson, London and New York, 1997

Dictionary of Celtic Myth and Legend. Thames & Hudson, London and New York, 1997

Celtic Goddesses: Warriors, Virgins and Mothers. British Museum Press, London, 1995

Hyde, Douglas, *Beside the Fire Irish Folktales.* Irish Academy Press, Dublin, 1978

Jacobs, Joseph, *Celtic Fairy Tales.* Bracken, London, 1991

Joyce, P.W., *Old Celtic Romances.* Talbot Press, Dublin, 1961

Lover, Samuel, and T. Crofton Croker, *Ireland: Myths and Legends.* Senate, London, 1995

MacCana, Proinseas, *Celtic Mythology.* Newnes, Middlesex, 1983

Piggott, Stewart, *The Druids.* Thames & Hudson, London and New York, 1985

O'hOgain, Daithi, *The Sacred Isle: Belief and Religion in Pre-Christian Ireland.* Boydell Press, Woodbridge, 1999.

Barry Raftery, *Pagan Celtic Ireland: The Enigma of the Iron Age.* Thames & Hudson, London and New York, 1997

Rees, Alwyn and Brinley, *Celtic Heritage.* Thames & Hudson, London and New York, 1961

Ross, Anne, *Pagan Celtic Britain: Studies in Iconography and Tradition.* Constable, London, 1992

Sharkey, John, *Celtic Mysteries.* Thames & Hudson, London and New York, 1975

Stead, I.M., Bourke, J.B., and D. Bothwell, *Lindow Man: The body in the bog.* British Museum Publications, London, 1986

Thomas, Charles, *Celtic Britain.* Thames & Hudson, London and New York, 1997

Zaczek, Iain, *Chronicles of the Celts.* Past Times, London, 1996

REGISTER

Register *kursiv* geschriebene
  Zahlen sind Bildhinweise

A

Addauon (walisisch) 75

Aeduer (gallisch) 99

Afagddu (walisisch) 102

Ailill [allil], König von
  Connaught 66, 67

Aillen mac Midna (irisch) 36, 66

Alter, Achtung vor dem 89

Amairgen [amaryin] (irischer
  Druide) 13, 86, 120

Ambrosio Taliesino 87

Amulette *siehe* Talismane

Anderswelt 20–21, 43–61, 129
  und Barden *120*
  Caer Siddi 133
  Cu Cuchulainn in der 119
  Eber und 36
  Geschenke 79–81
  Heilung und die 116–119
  und keltische Feste 25, 34,
    37–38
  Kommunikation mit der 25,
    34, 37–38, 63–83, 129
  magische Kessel 78–79
  Schwäne 82
  Schwelle zur 64–67
  Tadgs Reise 80
  siehe auch Tod, Königreiche

Andraste, Göttin der Ikener 57

Aneirin (walisischer Dichter) 12,
  13, 15

Ankou, bretonischer Todesbote
  20

Annwn [annoon], walisische
  Anderswelt 50–51

Apollo 116

Arawn [arrown], König von
  Annwn (walisisch) 50–51,
  54–55

Arberth (Narberth) 17

Arduinna, Ebergöttin 26

Arran 73

Arthur, König 58, 74, 78, 129

Artio, Bärengöttin (Bern) 26, *26*

Asaph, hl. 90–91

Aufgaben 48–49, 68, 113

außerkörperliche Erfahrungen
  109, 111

awen (Inspiration) 108–111

B

Badon, Schlacht von 74

Balor, König der Formoire
  (irisch) 38

Barden 12, 13, 15, 61, 76, 91,
  108, 112
  Aufgaben der 123
  Weisheit der 120–123
  siehe auch Taliesin

Bardsey Island 44

Bären 26, *26*

Bäume
  Eiche 99
  Stechpalme 128, 129
  Symbolik der 29, *29*
  in *Tristan und Isolde* 129

Bavay (Frankreich), Topf *111*

Beac mac De (Irischer Druide)
  101

Becher der Wahrheit 78, 81

Bedd Taliesin (Taliesins Grab) 61

Beltane *34*, 37–38

Bendigeidfran [bendeegydvran]
  mab Llyr (walisisch) 92, 109

Bern (Schweiz), Statue 26

Bildhauerei
  Statuen und Figuren 18, 26, 76
  Felsgravierungen 126
  Der sterbende Gallier 134

Blodeuwedd
  [blodyweth](walisisch) 16, 39

Boadicea *siehe* Boudicca

Bodb, König [bob] (irisch) 83

Boinn, irische Göttin 27, 83

Bosworth Field, Schlacht von
  (1485) 87

Boudicca 16, 57

Brahan Seher, der 110

Bran der Gesegnete *siehe*
  Bendigeidfran

Bran, Sohn von Febal (irisch)
  44–47, 52

Brendan, hl. (irisch) 49, *71*, 101

Bres, König der Tuatha de
  Danann 122

Bride, Bauerngöttin und
  Schutzheilige 37

Britannien, drei Namen 114

Brunnen
  der Heilung 116–118
  magische Kräfte 76, 77
  Tiopra Slaine 116–18

Brunnen der Weisheit 76, 79
Buch der Invasionen (irisch) 122
Buch von Kells (irisch) 112, 126
Buchmalerei 126, 127, 130

C
Cabell, König Arthus' Hund 54
Cador, Herzog von Cornwall 75
Caer Droia (Labyrinthspiel) 131
Caer Siddi 133
    siehe auch *sidh*-Hügel
Caesar, Julius 12, 57, 64, 99,
    114, 116
Cailleach Bheara [kal-yaCH
    vayr] (irisches Gedicht) 17
Cailte (irischer Held) 73, 112
Cairpre, Barde der Tuatha de
    Danann 122
Canu Heledd (*Lied der Heledd*)
    23, 95
Caradawg Stout-Arm (Wales) 75
Carmichael, Alexander 41
Carrawburgh (Northumberland)
    77
carynx, keltische Kriegstrompete
    15, *134*
Cathbad [kaTHvath] (irischer
    Druide) 100–101
Kessel 78–79, *78*, 128
Ceridwen (walisisch) 86, 102–103
Cernunnos 28, 29, 55–56
Christentum, Verschmelzung
    mit heidnischen Elementen
    37, 56, 58, 97, 101
Christus, Symbolik in der
    keltischen Kunst 126
Ciaran, hl. (irisch) 101
Cicero, Divitiacus und 99
Collen, hl. (walisisch) 51–52
Columba, hl. 101, 113

Conaire, [konnira] Hochkönig
    von Irland 20
Conan (irischer Held) 128
Conchobar (Conor)
    [konCHovar, konnor], König
    von Ulster 16, 100–101
Conn, Hochkönig von Tara 65
Conor *siehe* Conchobar
Cormac, König von Tara
    (irischer Held) 76, 79–81
corrigans, bretonische Elfen 117
Coventina, Brunnen der 77
Cruachan 67, 128
Cu Chulainn [ku-CHulin] (iri-
    scher Held) 12, 14, 15, 57, 100
    Krankheit des 118–119
Culhwch (walisisch) 48
Culhwch und Olwen (walisische
    Legende) 55
curraghs 68
Cynddylan, König (Wales) 23, 95

D
Dagda, der (irischer Guter
    Vater) 21, 60, 78, 83
Dallan (irischer Druide) 101
Danann *siehe* Tuatha de Danann
David of the White Rock
    (walisischer Harfist) 21
Deirdre der Leiden (irisch) 16,
    100
Demut 70
Der Greine (irisch) 61
Dian Cecht [dian keht],
    Arzt der Tuatha de Danann
    116–118
Diarmid mac Cearrbheoil,
    irischer Hochkönig 101
Dichter *siehe* Barden
Dichtkunst 31–33, 120–122

über Tapferkeit 12, 15
Dinogad 19
Diodorus Siculus, Druiden 98
Diogenes Laertius, Kelten 134
Divitiacus, Druide und
    Anführer der Aeduier 99
Donn (irischer Herr der Toten)
    20–21, 39
Donn Bo (irischer Held) 92–93
Drachen 87, 126
drei
    Macht und Bedeutung der
    Zahl *111*, 114–115
    siehe auch Triaden
Druiden 37, 64, 134
    Heilung und 26, 29, 116, 119
    und Ogham-Inschriften 45, 101
    als Propheten 85
    schamanische 108–109
    Träume und Trance 98–99,
    108–109
    Verwendung von Triaden
    114–215
    und Wasser 101
    Weisheit der 98–101, 134
    Weissagung 98–99, 98

E
Eber 26, 36
    siehe auch Schweine
Edern (walisisch) 75
Ei des Druiden, Talisman 109
Eloi, hl. (bretonisch) 113
Elphin (Elffin) mab Gwyddno,
    (walisisch) 11, 74, 75, 128
Emer [evair] (irisch) 119
Enbarr, Ross des Mannanan
    mac Lir 52
Engel, Kommunikation mit den
    Heiligen 112–113

Erdgöttinnen 35

Erntefest (Lughnasad) 38

Esus, Gott der Holzfäller 29, *29*

Eulen, Blodeuwedd und *16*

Ewigkeit, Weisheit der 125–135

Excalibur 58

F

Feen

 Angriffe auf das Reich der

  Menschen 65, 67

 Entführungen 60–61

 Die Hebamme und 53

 zu Imbolc *37*

 und Stechpalmen 128

 Stehlen von Babys 19

Feenberg 117

Feenhügel 60–61, 67, 101

Fal, Stein von 64

Fand, Feengattin des Cu

 Chulainn 119

Feidhilm (irischer Barde) *120*

Fergal (irisch) 92

Feste

 die Anderswelt und 25, 34,

  37–38

 Beltane *34*, 37–38

 hl. Bride 37

 Imbolc 36–37, *37*

 Samhain 34–36, *34*, 38, 66, 67,

  118–19

Feuer, Samhain/Beltane und *34*,

 36, 37

Fiachna, Hochkönig von Irland

 120–21

Fiachna mac Retach (Herrscher

 der *sidh*) 60–61

fidchell 38

Figol (irischer Druide) 101

filigh (Dichter) 108

Fin (schottisch) 46

Finistère (Bretagne) 117, 130–131

Finn Ecs (irischer Barde) 91

Finn mac Cumhaill (Finn

 MacCool) [fin mak cuval],

 (irischer Held) 10, 27, 56, 66,

 77, 91, 128

Fionuala (irisch) 82

Fomoire, Volk von Ungeheuern

 (irisch) 36, 38, 101

Frauen

 Barden *120*

 Weisheit der 17

 in Geschichte und Mythologie

  16–18

 Seher und Propheten 85, *120*

 selbstlose Mütter 19

G

Gaben *76, 77*, 116

 siehe auch Opfer

ga bolga, von Cu Chulainn 14

Gallien, Druidentreffen 64

Gänse, Bedeutung der 57

Gawain, und der Grüne Ritter

 130

Gerald von Wales 44, 108

Gilla na Grakin (irisch) 77

Glastonbury Tor 53, 60

Glocken, die keltische Heilige

 trugen 58, *112*

Glyn Cuch, in der Legende von

 Pwyll und Arawn (Wales) 55

Gododdin (walisisches Gedicht)

 12–15

Goibhniu [govnio], Fest (irisch)

 52

Goldhalsbänder *siehe* Torques

Goll mac Morna (irischer Held)

 128

Götter der Vorfahren 20

„Grauer von Macha", Pferd des

 Cu Cuchulainn 57

Gräber

 Dichter und 61

 Grabbeigaben 134

 von Kriegern 14, 20

 Torques *16*, 28, *134*

gruagach (irischer Ogre) 48

Gruffudd ab yr Anad Coch

 (walisisch), *Klagelied für*

 Llewelyn ap Gruffudd 135

Gwenddydd (walisisch) 111

Gwion bach (Wales) 86, 102–103

Gwrhyr [gurhier] (walisischer

 Held) 89

gwyddbwyll [gwithbwihl] 75,

 106–107

Gwydion (walisisch) 39, 54

Gwynn ap Nudd (walisisch) 38,

 51–52, 60

Gwythyr ap Gwreidawl

 (walisisch) 38

H

Hähne, Bedeutung der 57

Hasen, Bedeutung der 57

Heiler 26–29, *92*, 93, 116–119

Heilige

 Kommunikation mit Engeln

  112–213

 Macht über Tiere 126

Heilige drei Könige (aus dem

 Westen) 45

Heiliger Gral 78

Heilung 54, 116–119

Heledd, Klagelied für

 Cynddylan (walisisch) 23, 95

Henry Tudor (Heinrich VII von

 England) 87

Hexen
    magische Kräfte 26–27
    Schutz der Kinder vor 18
Hirsche, Mythen und Symbolik
    55–56
Hunde *54*, 65

I
Ibormeith, der Schwan aus
    Oengus' Traum (irisch) 83
Ikener (Britannien) 16, 57
Iddawg, Sohn des Mynyo
    (walisisch) 74–75
Imbolc 36–37, *37*
Immram-Legenden 44, 68–71
Inseln der Gesegneten 44–7, *44*,
    68–71
Inspiration, Weisheit 108–111
Irland, zentrale kosmische
    Ordnung 64, 66
Isolde, und Tristan 129
Isle of Man, Wettersprüche 17,
    31, 37

J
Jagd 17, *26*, 26, 55, *78*
Jahreszeiten 34–39
Jasconius, in der Reise des
    Brendan (irisch) 49
Julius Caesar 12, 57, 64, 99, 114,
    116

K
Kalender, keltischer 25–29
Kei (Cei, Kay) 14
Kinder, das weise Kind 10–11
Knoten, endlose 125, 130–133
Könige, Verbindung mit dem
    Land 17
Köpfe 92–93, *111*, 114

kosmische Ordnung, in Irland 64
Kreislauf des Lebens 17
Krieg 12
Krieger 12–15
Kriegsgöttinnen 15, 95
Kriegstrompeten 15, *134*
Kunst *53*, 66, 126–131

L
Labyrinthe 131
Lachs, Weisheit des 89, 90–91
Lammas 38
Lauf der Natur 25–41
Leichenkerzen *21*
Lir [lier], die Kinder von 82
Lleu Llaw Gyffes, walisischer
    Gott [hly hlow guffess] *16*
Llewellyn ap Gruffudd
    (walisisch) 135
Locronan, Kapelle von
    (Finistère) 130–131
Loegaire (irisch) 60–61
Lohengrin 82
Loiret (Frankreich) *19*
Lucan, über den keltischen
    Glauben 29, *134*
Lugh, irischer Naturgott [luGH]
    38
Lughnasad [luGHnasath]
    (Erntefest) 38

M
Mabinogion (walisischer
    Legendenzyklus) 19
Mabon, Sohn des Modron
    (walisisch) 89
Mac Con, in der *Gododdin* 14
Mackenzie, Kenneth, der Seher
    Brahan 110
Macsen Wledig, Traum von

Elen über Gastgeber
    (walisisch) 105–107
Maelduin, Reise des [mayldun]
    (irisch) 68–71
Maelgwn Gwynedda, walisischer
    König [myl gwynn] 91, 128
Maelgwyn, King of Dyfed
    (walisisch) 11
Maeve, Königin von Connaught
    120, 121
Mag Mell, unsichtbares Land
    (irisch) 52
Magie 14, 18, 26–29, 66
Manannan mac Lir (irischer
    Meeresgott) 44, 52, 81
Manawydan (walisisch) 133
Map, Walter 56
March ap Meirchawn (Wales) 75
Marke, König, und Isolde 129
Martin, Martin (schottischer
    Historiker) 121
Mäßigung 70
Matholwch, König von Irland,
    in der walisischen Mythologie
    109–111
Meditation 113, 121–122
Mellor, hl 93
Melusine 50, *53*
Merlin 87
    und der bretonische Magier 103
    und Britannien 114
    Talismane 58, *59*
    Wahnsinn des 111
Miach, Sohn des Dian Cecht
    (irisch) 116
Midir [mithir], Feenkönig 70
Milchstraße, in der Legende von
    Gwydion 39
Mistelzweig 29, 99
Mond, Loblied auf den

(schottisch) 41

Monster 36, 38, 101, 126, 127

Morfhind 10–11

Morrigan, irische Kriegsgöttin 15

Moytura, Schlacht von 118

Musik 66, 79, 122

N

Namen
  Krieger 12
  weise Kinder 10–11

Nantosuelta, Erdgöttin 35

Naoise [nischa] (irisch) 16

Natur
  Gott 28, 29
  Kreislauf *siehe* Lauf der Natur

Neidne mac Adhna (irischer
  Dichter) 76

Nera (irischer Held) 66–67

Newgrange (Irland), Grabstätte 60

Niall von den Neun Geiseln,
  und der Brunnenwächter
  (irisch) 51

Nuadhu [nu-athu], König der
  Tuatha de Danann 118

O

O'Dalaigh, Cearbhall (irischer
  Barde) 122

Oengus mac Og [oynGHus mac
  awk, mac awg] (irisch) 83

Ogham-Schrift 45, 101

Oisin [oschien] (irischer Held)
  56, 73, 112

Ollamhan (irischer Druide)
  120–121

Ollamh (irische Dichter) 112, 120

Opfer
  Bullen 29
  an Esus 29

Menschen- 29
  zur Prophezeiung 98
  und Wissen der Druiden 98
  siehe auch Gaben

Österreich, Zeremonialkessel 78

Owain ap Urien, walisischer
  König 74, 75

Owain Gwynedd, walisischer
  König 65

P

Paol, in der Legende vom heiligen Brunnen (bretonisch) 117

Patrick, hl. 73, 112, *112*

Peredur (walisischer Held), und
  die drei Straßen 27

Pferde 57, 98, 113, 128

Pflanzen
  Kunst und Symbolik 128–129,
  130
  Heilung 116
  in der Magie 26–29, 128
  in der Poesie 129

Plinius, über Druiden und
  Mistelzweige 29, 99, 109, 116

Pridwen, Reise des 78

Prophezeiung 85–95, 110

Prüfungen 48–49

Pryderi (walisisch) 54, 133

Pwyll, Prinz von Dyfed
  und Arawn 50–51
  das magische Schwein 54
  und Rhiannon 17–19

R

Regeneration
  Kreislauf der 25–29, *29*
  Tiersymbole 55–56

Rhiannon (walisisch) 17–19

Rhonabwy, Träume von Helden

(walisisch) 74–75

Rituale
  imbas forosnai 98
  um Vorfahren und mythische
  Wesen anzurufen 34–36

Ronan, hl. 126, 130–131

Rotes Buch von Hergest (Wales)
  105

S

Salomons Siegel 130

Samhain [savin, sowin] 34–36,
  34, 38, 66, 67, 83, 118–119

Samson von Dol, hl. 126

Schicksal und Prophezeiung
  85–95

Schlangen
  christliches Symbol 126
  Heilung und (bretonische
  Legende) 26–27
  Symbolik der 56–57, 126

Schleier der Illusion 50–51

Schmiede (bretonisch) 113

Schottland, Dichterinnen *120*

schreckliche Frauen, Legende 51

Schwäne 82, *82–83*, 118

Schweine
  Hwch ddu cwta 36
  magische Speise 52, 54, 98
  Merlins Gefährte 87, 111
  Pwylls magisches Schwein 54
  siehe auch Eber

Schwerter 13, 58, *134*

Seelen, Reise der 108–109, 111

Seher 85–95, 110

Seine, Fluss, Votivgaben 76

Seraphim, Land der 112

sidh [schie, shiea] Hügel 60–61,
  67, 101
  siehe auch Caer Siddi

Silberzweig, den Cormac erhält 79–81

Sonne, die 21, 34, 41

Sonnengötter 21, 35

Souveränität, und Niall von den Neun Geiseln 51

Spiele, zu Lughnasad [luGHnasath] 38

Sprache, Macht der und Inspiration 108–111

Stechpalme, Magie der 128, 129

stehende Steine 45

Sterne, Verehrung der 39

Strabo 76, 101

Sucellos, Sonnengott 35

Suetonius Paulinus 57

Symbolik
christliche 126, 128
Köpfe 92–93
Tiere 29, 29, 36, 54, 55–57, 126
Triaden 29

T

Tacitus, über Boudicca 16

Tadg [tathg] mac Cein (irisch) 80

Tain Bo Cuailnge [tawn baw c00-aln-ya] (irisches Gedicht) 121

Taliesin (walisisch) 11, 78, 86–87, 103, 112, 127, 128

Das Buch des Taliesin 86–87, 133
siehe auch Barden

Talismane *34*, 58–59, 92, *92*, 109, 116, 118

Tara 36, 64, 66, *66*

Teyrnon [tyr-non] (walisisch) 19

Thomas von Erceldoune (der Reimeschmied) (schottisch) 88

Tiere 54–57, 87, 89, 126–127, 130

Tiopra Slaine, Brunnen der Heilung (irisch) 116–118

Tir na N'og [tier nan wak] 44

Tod 134–135
Ankou und der 20
ewiges Leben und der 125
Vorzeichen des *21*

Tote, Königreich der 20–21

Der Traum des Rhonabwy (walisische Legende) 58, 74–75

Träume 83, 98–99, 108–109
Der Traum des Rhonabwy (walisisch) 58, 74–75

Trenn, Cynddylan und 23, 95

Triaden 29, 114, 115, 123, 134
siehe auch drei

Tristan und Isolde (Liebesgeschichte) 129

Tuan MacCairhill (irisch) 86

Tuatha de Danann [tu-atha day dannan] 38, 52, 66, 86, 101, 116–118

Twrch Trwyth [turCH tru-uTH] (walisisch) 55

V

Vergebung 70

Verwandlung 13, 15, 50–53, 69, 102–103
Schwäne und 82–83
von Sehern 86

Vögel 126
Prophezeiung durch 98, 99
Kriegsgöttinnen und 95

Vorfahren
Achtung für 73–75
Rituale 34–36

Reisen 44
Bran, Sohn des Febal 44–7, 52
Maelduin 68–71
von *Pridwen* 78
hl. Brendan 49, *71*

Tadg mac Cein 80
zwischen den Reichen 63–83

W

Wahrheit, Gefäße der 78–81

Waffen 12, 13, 14, 66

Wale
Jasconius 49
Tadgs Becher und 80

Wasser
Druiden und 101
Quelle des Lebens 35
Votivgaben 76, 77

Weinrebe, Symbolik 128–129

weise Kinder und 10–11

Weisheit und 17, 76–81, 111

Weissagung 57, 98–9, 98
siehe auch Prophezeiung

Westen, Anderswelt und der 43–47, 68

Wetter
zu Imbolc 37
Isle of Man 17, 31, 37
in der Naturdichtung (Wales und Irland) 31–33
und die alte Frau von Bheare 17

Wissen
Bäume des 90
Brunnen des 76, 79
geheimes 98
um die Zukunft 85–95

Das Werben um Etain (Legende, 14. Jahrhundert) 70

Y

Yin und Yang 69

Yon, in der Legende über den Feenbrunnen (bretonisch) 117

Ysbaddaden (walisisch) 48

BILDNACHWEIS

. . . .

Die Herausgeber möchten den folgenden Personen, Museen und Fotoarchiven für die Genehmigung danken, ihre Bilder zu veröffentlichen. Es wurde alles unternommen, um die Urheber zu nennen. Für Auslassungen bitten wir um Nachricht, sie werden in den nachfolgenden Auflagen korrigiert werden.